SEKAISHISO SEMINAR

入門講義 倫理学の視座

新田孝彦

世界思想社

まえがき

「他人《ひと》に迷惑をかけなければ何をしてもいいんだ」とうそぶく若者たちに、「自分の人生なんだから大事にしなければ」と口ごもるだけの大人たち。その大人たちにしても、会社のために、あるいは家族の生活を守るためにと言いわけをしながら、だまし合ったり裏切り合ったりしているのであれば、「他人に迷惑をかけなければ」と限定する若者たちのほうがまだましなのかもしれない。それでも、「自分の人生なんだから」とつぶやく大人たちは、他人に迷惑をかけないこと以外にも大事なことがあるはずだと感じているのだろうし、若者たちの言いぐさもまた、その大事なことが見いだせず、大人たちが手本を示してくれないことへのいらだちの表現なのかもしれない。

このようなありふれた風景の中に潜んでいる問い、すなわちその大事なこととは、いったい何であり、またそれはどのようにすれば見つかるのだろうかという問い、これが本書の出発点であり、また終着点でもある。

われわれは日常生活のさまざまな場面で、「いかに行為すべきか」という問いに直面する。だが多くの場合、われわれは、それについてどのように考えればよいのかわからず、つい手近なところに答えを求めてしまいがちになる。子供のときは両親や学校の先生が答えを与えてくれたかもしれない。少し大きくなって自立への欲求が高まると、自分の良心を頼りにすることもあろう。あるいは、宗教書や人生について述べた書物に指針を見いだす人もいるだろう。だが、はたして良心は誤ることのない神の声なのだろうか。また、いかに行為すべきか、すなわちいかに生きるべきかについて、いささかの疑念の余地もなくすべてを解決してくれる書物などあるのだろうか。この二千数百年の間、東西にわたって万巻の書物が著わされてきたというのに、われわれは依然としてこの問いに悩まされているのではある。しかし、だからといって、「本当の答えはない、だから人は自分の好きなように生きればよい」ということになるのだろうか。「本当の答えはない、だから世間の言うとおりに生きればよい」と考える人も少なくはないだろう。つまり、たとえ「本当の答えはない」としても、そこから「どうすべきか」を導きだすためには、実はかなり大きな距離を飛び越えなければならないのに、われわれはあたかも自明のことであるかのようになんらかの答えを出して怪しまない。そうだとすれば、「本当の答えはない」というのもまた「本当の答え」であるのかどうか、疑わしくなるのではないだろうか。だからこそわれわれは、ときに「本当にそれでよいのだろうか」とつぶやいたりもするのである。

本書は、「いかに行為すべきか」について考えはじめた人に、倫理学的な反省のための一つの材料を提供しようとするものであり、日常生活の中で浮かび上がってくる問いを倫理学的な考察と結びつけ、倫理学的な考察へとその方向を導くこと、すなわち問いの「視座」を定めることを目指している。もちろん、倫理学の視座とは、そこにおいてすべての倫理的な問題が解決されうるような場を意味しているのではない。それは問題を考えるための端緒にすぎない。だが、方向を正しく定めなければ、いかに勢いよく矢を放っても的を射ることはできないであろう。

こうした意図のもとに、本書では、倫理学の諸理論を網羅的に紹介することや倫理学史を概説することを避け（これらについては、すでに多くのすぐれた書物が存在する）、もっぱら私自身の関心に従って倫理学的な問題を一つずつ問い直すことにした。もちろん、その際に過去の哲学者たちの思索を参照したことは言うまでもないが、しかしそれはあくまでも、われわれの日常的な言説の中に潜んでいる倫理的な思考方法を反省し、その特質や問題点を自覚するための手掛かりとしてであって、理論研究それ自体を目的としたものではない。また本書には、それぞれの講義において取り上げられた問題と関連するいくつかの「例題」が付されているが、これもまた、われわれの日常生活と倫理学的反省とを結びつけるための工夫にほかならない。これらの「例題」を考えることによって、逆に倫理的問題の所在に気づいていただければ幸いである。

「いかに行為すべきか」という問いが本書の出発点であり、終着点でもあると述べた。つまり、本書の中にその答えはない。私がここで試みたのは、近代ドイツの哲学者カントが示した次のような思考の原則、すなわち、「自分で考えること（偏見にとらわれないこと）」、「自分を他人の立場に置いて考えること（視野を広くもつこと）」、「つねに自分自身と一致して考えること（首尾一貫して考えること）」という三つの原則を使用する訓練である。例えば、「なぜ他人を殺してはいけないのか」と問われることがある。これを、できるかぎり思い込みを排除し、広い視野のもとで、しかも首尾一貫して考えると、どうなるであろうか。この問いを発するとき、われわれにはすでに、禁止の根拠がはっきりしないということは許されていることを意味する、という一つの思い込みはないのだろうか。あるいは逆に、「なぜ他人を殺してもよいのか」と問うてみたらどうか。そこに見いだされる答えを首尾一貫して維持することはできるだろうか。こうした思考の訓練が私自身としてどれだけ実現できたかは、読者の判断を待つしかない。ただ私としては、「他人に迷惑をかけなければ」と居直るのではなく、また「そんな生き方は認めない」と居丈高に叫ぶのでもなく、もちろんたんなる「わがまま」を「個性の重視」といった甘言で糊塗するのでもなしに、「なぜそうしてもよいのか」、「なぜそうしてはいけないのか」をできるだけ冷静に、自分の思考を他人に預けるのではなく、独善的にもならず、なおかつ他人を思いやりつつ考えつづけることができればと願っている（なお本書では、入門書という性格から、引用や注で使用する文献はほとんど日本語で読めるものにかぎり、また参照の便を考えて、引用もほとんど邦訳を利用させていただいた。著者や翻訳者の方々にはこの場を借りて厚くお礼を申し上げる）。

入門講義　倫理学の視座●目次

目　　次

入門講義　倫理学の視座

第1講　倫理学の問い

第1節　問いの始まり

「どうしたらよいだろうか」という問い

われわれは日常生活において、つねに「よい」とか「わるい」という言葉を使用し、「どうしたらよいだろうか」と問いかけている。このことは、われわれがいかなる意味にせよ「よく生きる」ことを目指している、ということを示唆しているのではないだろうか。

例えば、今日はどの服を着て出かけたらよいだろうかとか、寄り道をせずに真っすぐ家に帰ったほうがよいだろうかと自問し、どういう本を読んだらよいかを人に尋ねたりする。あるいは、大学に進学したほうがよいのか、それとも就職したほうがよいのか、進学するならばどの大学を選んだらよいのかといった、それぞれの人生の設計にかかわるような重い問いもある。また、臓器移植のための意思表明カードに署名したほうがよいのか、それともそのような制度には反対したほうがよいのかというような、より深刻な態度決定を迫る問いもあるだろう。しかし、どの服を着て出かけるかという一見些細に見える問いでも、ときにはその人がいかなる人生を送ることを選択するのかという問題にかかわる場合もあろう。どんな服装で出かけるかということは、誰とどこで何のために会うのかといった考慮と無関係ではありえず、例えば葬儀の席に場違いな服装で列席するということは、それ自体、死者やその家族あるいは葬儀という儀式に対するその人のある態度を表明するものだからである。

このように、われわれがつねに「どうしたらよいだろうか」と問いつづけ、しかもそれがさまざまな仕方でその人の生き方につながるものであるとすれば、確かにわれわれはなんらかの意味で「よく生きる」ことを目指していると言えるであろう。しかし、「よい」という言葉の意味は多様であり、それに応じて「よく生きる」ということもまたさまざまな意味をもちうる。このことを明らかにするために、「どうしたらよいだろうか」という問いをもう少し分析してみよう。この問いによってわれわれは、いったい、どのような答えを期待しているのであろうか。

問いの意味の区分

例えば、どのような本を読んだらよいかを尋ねるとき、ある人は何か自分が抱えている問題を解決するのに参考になる本を探しているのかもしれないし、別の人は暇つぶしのために面白そうな本を探しているのかもしれない。そして、勧められた本を読んでも問題が解決できなければ、その本は役に立たなかったのであり、面白くなければ、時間や金を無駄にしてしまったことになる。つまり、このような場合には、「どうしたらよいだろうか」という問いにおける〈よい〉という言葉は、あらかじめ設定されたなんらかの目的を達成するのに〈役に立つ〉とか〈有用である〉、あるいは私にとって〈得になる〉とか〈快い〉ということを意味しているのであり、それらの言葉によって置き換えることができる。このように目的があらかじめ設定されているときには、「どうしたらよいだろうか」という問いは、その目的を達成するための適切な手段を問う一種の技術的な問いであり、それゆえ、ある種の専門家がそれに答えることのできる問いでもある。どのような本を読んだらよいかは、その人が抱えている問題に精通した人が答えてくれるであろうし、あるいは図書館の司書が相談に乗ってくれるかもしれない。どのような服装で葬儀に列席すれば失礼に当たらないかは、いわゆる社会常識に通じた人が教えてくれるであろう。

ところで、「どうしたらよいだろうか」という問いは、このように前もって設定された目的に対するなんらかの適切な手段にかかわるだけではなく、むしろどのような目的を立てればよいかという、目的そのものにかかわる場合もあるだろう。大学に進学すべきかどうか悩んでいる人は、人生の目標を探しているのかもしれないし、転職すべきかどうか、転職するとしたらどのような仕事を選んだらよいかと自問する人もまた、生きがいを求めて思い悩んでいるのかもしれない。しかし、こうした問いも、実は、暗黙のうちに一つの目的を前提としている。すなわち、「幸福」という目的である。ソクラテス（Sokrates, 470/69-399 B.C.）は、われわれ人間は誰もが〈幸せ〉を願っていると語り[1]、アリストテレス（Aristoteles, 384-322 B.C.）も、われわれがもっとも希求するものは「幸福」であると語っているが[2]、しかしこうした古代の哲学者たちの指摘を俟つまでもなく、われわれが「どうしたらよいだろうか」と問う場合にたいてい念頭に置いているのは「幸福」である。どのような本を読んだらよいかと尋ねる人は、自分の抱えている問題や悩みを解決したいと望んでいるのであり、葬儀にどのような服装で出かけたらよいかを相談する人も、人々とうまく折り合ってゆくことを願っているのであろう。同様に、どのような進路や仕事を選んだらよいかと悩んでいる人もまた、どのような進路を選択することが私の幸福につながるのか、私はどのような仕事に生きがいを感じ、それゆえ幸せを感じることができるだろうかと問うているのである。それゆえ、もし幸福という概念が明確に規定されうるならば、これらの問いもまた、先の問いと同様に一種の技術的な問いとして、ある種の専門家が適切な答えを与えてくれるかもしれない。例えば、心理カウンセラーは、適性検査によればあなたにはこの仕事は向いていないから、別の仕事を探したほうがよいと答えてくれるかもしれないし、進路指導の先生は、君はこの科目が得意だからこの学科に進学したほうがよいと勧めてくれるかもしれない。

ただし、この場合に問題なのは、まさに「幸福とは何か」ということをそれほど明確に規定することはできず、何を幸福と考えるかは人それぞれに違うということであり、あるいは、自分の幸福が他人の幸福と両立しない場合が往々にして生ずるということである。例えば、「健康で長生きをしたければ、タバコはやめたほうがよい」と勧める医師に対して、ある人は、「ストレス解消のためのタバコをやめるくらいなら、長生きなどしなくてもよい」と考えるかもしれない。ここでタバコをやめるのがよいか否かについて意見が分かれるのは、両者において何を幸福とするかについての見解が異なるからであろう。それでは、幸福についてどちらの考えが正しいのであろうか。あるいは、そもそもこれは、どちらが正しいかを決めることのできる問題なのであろうか。少なくとも、タバコをやめたくないと思っている人は、「健康で長生きをすること」が幸福であるなどと決めつけるのは医師の越権だと考えているのかもしれない。しかし、このように考える人であっても、さらにまた別の問題は考慮に入れなければならない。自分がタバコを吸うことで人に迷惑をかけてはいないだろうかとか、自分が病気になることで家族や社会に対する責任はどうなるのか、といったことである。嫌煙権や社会医療費の問題とは、人々の幸福をどのように両立させるべきかという問題でもある。

しかし、「どうしたらよいだろうか」と問うとき、われわれはつねに、このように究極的には「幸福」に収斂するような目的――もちろん、その幸福は自分だけの幸福とはかぎらないにしても――を立て、それを実現するための適切な手段を問題にしているだけなのであろうか。例えば、臓器移植のための意思表示カードに署名したほうがよいかどうかと自問する人は、確かに、それが自分の得になるとか、巡り巡って家族の役に立つということだけではなく、見知らぬ人をも含めた社会全体の幸せにつながるだろうかと問うているのかもしれない。あるいは、一方では、こうした新しい治療方法に対するとまどいや、たとえ死後にではあっても自分の身体の一部が失われることに対する生理的な嫌悪感があり、他方では、臓器移植による以外には助からない人がいるという事実と、困っている人がいるならばできるだけの手助けをしなければならないという義務感もあるという、こうした葛藤に悩んでいるのかもしれない。しかし、この問いが問題にしているのはそれだけなのであろうか。いかに人々の幸福を実現するのに「役に立つ」としても、なおそれは「正しいのか」とか「よいのか」と問う余地はないのだろうか。すなわち、ある行為がなんらかの目的を実現するのに「役に立つ」とか、誰かにとって「快い」ということではなく、そうした問題とは独立に、行為それ自体が「よいのか」あるいは「正しいのか」と問う次元は成立しないのであろうか。それとも、「よい」という言葉の意味は、最終的にはつねに、「役に立つ」とか「快い」という意味に収斂してしまうのであろうか。これがまさに、「西洋倫理学の祖」と言われるソクラテスの発した問いであった。

【例題1】 ここに五人の患者がいて、彼らの病気を治す薬は一人分しかない。選択できる道は、一人の患者を救うか、それとも五人とも救わないかのいずれかである。もし救われるべき患者の選択がなんらかの仕方で公平に行なわれるならば、われわれの多くは一人の患者を救うべきだと考えるであろう。それでは、こうした選択が〈よい〉と考えるときのわれわれの原則は何であろうか。「できるだけ多くの人を幸せにする」ということであろうか[3]。

また、ここに同じく五人の患者がいて、彼らはそれぞれ心臓や腎臓、肝臓などの臓器移植を必要としているが、自発的な提供者（ドナー）はおらず、彼らは死を待つだけである。ところが、同じ病院の他の病室には定期検診のために入院している人がいて、この人は五人の患者にうまく適合する臓器をもっている。もちろん、われわれの多くは、たとえ五人を救うことができるとしても、この人をドナーにして臓器移植を行なうのは正しくないと考えるであろう。それはなぜか。ドナーとなるべき人を犠牲にするからなのであろうか。しかし、もしできるだけ多くの人々の幸福が正しい行為の究極目的であり、〈よい〉という言葉の意味であるとすれば、われわれは次のような主張に異議を唱えることができるであろうか。

【例題2】 ここに二人の患者がいて、彼らはそれぞれ新しい心臓と肺を必要としているが、自発的な提供者はいない。もし一人の健康な人をドナーにするならば、彼らは生き延びることができる。もちろん、犠牲にされる健康な人に罪はない。しかし、患者にも罪はないのである。彼らはたまたま不運な巡り合わせによって不良な臓器を割り当てられたにすぎない。このとき、一人の健康な人を犠牲にして二人の患者を救うことは許されないと言うならば、そうした決定は、不運な者たちの命よりも幸運な者たちの命を優先させるというものにほかならない。幸運にも健康に恵まれた者たちが不幸にしてハンディキャップを負って生まれてきた人々に生存のチャンスを与えないとすれば、それはまさに後者の人々の命を犠牲にすることを意味するのである。それゆえ二人の患者は臓器移植を要求できるのであり、それは自然の運命の人為的な再配分という意味で、社会福祉への要求と似ている。もちろん、犠牲者の決定は恣意的であってはならず、したがって誰をドナーにするかはくじ引きで決めるのがもっとも望ましい。このサバイバル・ロッタリーによって犠牲者になる確率が交通事故で死ぬ確率よりも低いならば、この制度は人々から安心感を奪うことはないし、自分が病気になったときには臓器を提供してもらえるということを考えるならば、むしろこのような社会では人々は安心して暮らせるであろう(4)。それでは、われわれはこのようなシステムを採用すべきなのであろうか。

第2節　ソクラテスの死

ソクラテス裁判

「哲学」という言葉は、ギリシア語の“φιλοσοφία”に由来し、語源的には「知を愛すること」を意味する。ところで、古代ギリシアにおいて最初に自分自身を「哲学者」（φιλόσοφος）と呼んだのは、「ピュタゴラスの定理」で有名なあのピュタゴラス（Pythagoras, c.570-496B.C.）であったと伝えられている。[5] しかし、文法や修辞学などに基づいて弁論術を教え、徳の教師を自任していた人々、いわゆる「ソフィスト」（「知恵のある人」、「賢人」）に対して、自らを「知者」ではなく「知を愛する者」にすぎないとして、自覚的に「哲学者」と名乗った最初の人物はソクラテスである。よく知られているように、ソクラテス自身はただの一つも著作を残さなかったが、その後世に与えた影響には計り知れないものがある。それは、ソクラテスにおいて「知を愛すること」のもっとも根源的な形が現われているとみなされてきたからにほかならない。しかもそれは、彼の「死」においてもっとも端的に示されているように思われる。それでは、いったい、ソクラテスは何ゆえに人間にかかわる哲学としての「倫理学の祖」と呼ばれることになったのであろうか。いわゆるソクラテス裁判とその死を通して、この間の事情を考えてみよう。

紀元前三九九年、ソクラテスはアテナイの法廷に、青年たちを腐敗させ、国家の認める神々を認めず、別の新しい鬼神の類を祀るがゆえに犯罪人である、という事由で告発され、そして裁判の結果、ソクラテスには死刑の判決が下された。[6] だが、この裁判にはいくつかの謎があり、この謎を解いてゆくことが「愛知者」としてのソクラテスを理解することにつながるであろう。

ところで、この告発がまったくいわれのないものであったことは、『ソクラテスの弁明』に記されているとおりであり、実際、アテナイの人々ものちにはそのことを認めるようになる。[7] にもかかわらず、ソクラテスがこのような告発を受けるにいたった背景としては、いくつかのことが考えられる。一つは、彼の民主制批判である。ソクラテスは、民主政治に対して、ある根本的な批判をもっていた。それは、多数意見は多数意見であるがゆえに正しいわけではないという洞察に基づいている。民主制が多数者の私的利益を目的とするときには、集団的エゴイズムとしての衆愚政治が出現し、ひいては独裁制や僭主制を生み出す危険性をもっているということは、ソクラテスのみならず、プラトン（Platon, 427-347B.C.）やアリストテレスにも共通した認識であった。[8] ソクラテスが告発され死刑の判決を受けた紀元前三九九年とは、アテナイがスパルタとギリシア全土の覇権を争ったペロポネソス戦争（前四三一―四〇四年）に敗れ、敗戦後の混乱に乗じた独裁政治がようやく覆されて、再びアテナイに民主政治が取り戻されたまさにそういう時期であった。民主制の指導者たちは、敗戦の原因を弁論術にのみ長けた青年たちの軟弱化のうちに見いだし、民主制批判を繰り返していたソクラテスをその元凶とみなしたのであった。

さらに、ソクラテスが民主制の指導者たちに疎まれた背景としては、彼の無知の覚醒活動が挙げられよう。すなわち、ソクラテスによれば、いわゆる「知者」と呼ばれている人々、政治家、劇作家、技術者などは、自分の専門の事柄についてはよく知っている。だが、それ以外の大切なこと――善美の事柄（*καλοκἀγαθία*）――については何も知らない。しかし、実は何も知らないだけではない。彼らは、専門の事柄についてはよく知っていることから、それ以外の大切な事柄についてもよく知っていると思い込んでいる。これがいわゆる「無知の無知」である。ソクラテスはこの無知を覚醒させるために、アテナイの「虻《あぶ》」を自任し、公衆の面前での問答を通じて有力者たちの無知を暴くことによって、彼らの反感を買っていたのである。(9)

だが、こうした背景説明は、いかに委曲を尽くしたとしても、ソクラテスの死の真相と意味を理解するには無力である。死刑の判決から刑の執行までの約一カ月間をソクラテスは獄中で過ごしたのであるが、その間、そうしようと思えば容易に国外に逃亡することができたのであり、それを阻止する物理的・経済的要因は何もなかった。友人たちは熱心に逃亡を勧め、資金の提供を申し出た。しかも、ソクラテス自身、判決はまったく不当だと考えていたのである。それにもかかわらず、なぜソクラテスは自ら毒を仰いで死へと赴いたのであろうか。われわれはここで、「行動はいかにあるべきか」という副題をもつプラトンの著作『クリトン』におけるソクラテスの言葉に耳を傾けてみよう。

ソクラテスとクリトンとの対話

獄中にあるソクラテスを訪ねた友人のクリトンは、ソクラテスに脱獄を勧め、次のように説得する。すなわち、もしこのままソクラテスが刑死するならば、世間の人々は私（クリトン）が金を使う気になりさえすればソクラテスを助けることができたのに、そうしなかったのは、友人よりも金銭を大事にしたからだと思うであろう。そうすれば、私は面目を失ってしまう。また、助かる機会があるのに自ら命を放棄するようなことは正しくないし、子供たちを養育する義務もある、と。(10) これに対して、ソクラテスは以下のような議論を展開する。

まず第一に、クリトンは世間の評判を気にしているが、大衆の思惑というものはすべてこれを尊重しなければならないのか、それとも有用な思惑だけを尊重すべきなのだろうか。例えば、体育の練習をしているとき、われわれは大衆の称賛や非難に注意を払うべきなのか、それとも体育家とか医者とか、ともかくたった一人でもその道の専門家がいるならば、その人の意見に耳を傾けるべきなのか。このようにソクラテスは尋ねる。

これに対する答えは明らかである。われわれはその事柄について思慮ある人の思いなしにのみ従わなければならないのであり、その他の人々の思惑は、全部合わせたとしても、ただ一人の専門家の思惑には及ばない。このことは、身体に関する事柄だけではなく、正不正や美醜、善悪などの事柄についても同様である。つまり、何をなすべきかということについて考えるときには、世間の多数の人々がどう言うかではなく、むしろ一人でも正不正についてよく知っている人、あるいはそのような人がいないのであれば、真理そのものが何と言うのか、そのことのほうが大切なのである。ソクラテスの民主制批判は、正不正や善悪が多数意見によって定まるのではないという、この一点に掛かっていたのである。

それゆえ、ソクラテスにとって問題なのは、国外に逃亡することについて大衆がどのように考えるかではなく、真理そのものがどう語るか、すなわち脱獄することが正しいことなのか不正なのかということだけである。ソクラテスによれば、金銭の問題とか子供の養育というようなことは多数者の考えることであって、それ自体として取り上げるべきことではない。われわれがここで問うべきは「ロゴス」（言論・論理・ことわり）の結果であり、それのみにわれわれは従わなければならない。

それでは、一般に正不正について、ロゴスはいかに語るであろうか。ソクラテスはまず、いかなる場合にも故意に不正を行なってはならないのか、それとも、不正を行なってもよい場合とわるい場合があるのか、と問う。この問いに対して、ソクラテスは次の答えこそがロゴスの結果だと考える。「どんなにしても、不正を行なってはならない。……たとい不正な目にあっても、世の多数の者が考えるような、不正の仕返しをするということは、とにかく、どんなにしても、不正を行なってはならないのだとすると、そういうことも許されないことになる」[11]。ソクラテスは別の対話篇において、次のようにも語っている。「もし、人に不正を行なうか、それとも、自分が不正を受けるか、そのどちらかがやむをえないとすれば、不正を行なうよりも、むしろ不正を受けるほうを選びたい」[12]。これは「ソクラテスのパラドックス」と呼ばれることもある思想であるが、しかし、ロゴスに従うかぎり、これは決してパラドックスではない。〈不正〉は不正であるかぎり〈正〉ではなく、これを行なってはならないというのは、正不正というロゴス（概念）の当然の帰結である。ただ、自分の感情や利害を介在させ優先させるかぎりにおいて、この見解が逆説的に見えるにすぎない。またソクラテスは、あることをすることが正しいと誰かに同意したならば、われわれはそれをなすべきであるということをも、クリトンとともに確認する[13]。なぜなら、これが「同意」ないし「約束」という事柄に関するロゴスだからである。

このように、正不正について、および同意と約束について一般的な原則を確認したのち、ソクラテスはいま自分が脱獄することが正しいか否かについて、次のように語る[14]。

――市民の承諾を得ずに国外へ逃亡することとは、国法や共同体に害悪を与えることであり、これは不正を行なうことである。また、国家の下す命令や判決が正しくないと思うときには、国家を説得しなければならないが、しかし暴力を下すことは許されない。それは、不正の仕返しをすることにほかならないからである。また、アテナイの国法は国外移住の権利を認めているが、この国でどのようにして国制が運営され、どのようにして裁判が行なわれるかを見て、なおかつここにとどまる者がいれば、その人は国法の命令に従うことを、その行動によって承認したのである。しかも、私［ソクラテス］は裁判の過程で自ら国外追放の刑を申し出ることができたのに、あえてそれをしなかった。それゆえ、いまここで国外に逃亡することは、自分が国家と国法とに対してなした「同意と約束」、強制されたのでもだまされたのでもなく、七十年間よく考えることができ、もし気に入らなかったり正しくないと思ったら、説得することもでき、あるいは破棄して国外に出ることもできたのに、実際にはそうはしなかったところの同意と約束を、破ることになる。これは国法と共同体に不正を加えることである。それゆえ、たとえ判決が不当で、国家が私に不正を加えたとしても、いまここで脱獄し国外に逃亡することは「約束と同意に違反した行為」であり、私自身が不正を犯すことであって、それゆえなすべきことではない。――

このように語ってソクラテスは死へと赴いたのである。それでは、いったい何がソクラテスをして死に至らしめたと言うべきであろうか。ときにそう理解されることがあるように、「悪法も法である」がゆえにいかなる法にも無条件に従わなければならないという、いわゆる法至上主義や国家至上主義の思想のゆえになのであろうか。確かに、上述の議論からも見て取れるように、ソクラテスはアテナイの国法や宗教に深い尊敬の念を抱いていた。彼は告発者たちが非難するような意味で反国家主義者なのではない。しかし、その祖国と国法への敬愛の念が、ただちにソクラテスに判決を受け入れさせたわけでもない。ソクラテスは、仮にある外国人がアテナイにやってきて突然無実の罪を着せられたとしたならば、そのとき逃亡することも不正であるとは言わないであろう。実際ソクラテスは、ペロポネソス戦争後の独裁制時代に、権力者たちが在留外国人を処刑し、その財産を没収しようとしたときには、身を挺してそれに反対している(15)。ソクラテスにとって、国法に従う義務は、その法に対する「同意と約束」を前提としているからであり、脱獄することが不正なのは、ソクラテス自身が同意し約束した国法の遵守を一方的に破棄するということを意味するからなのである。確かに、ソクラテスの思想のうちには、「悪法も法である」という解釈を許すようなところがないわけではない。しかしソクラテスが、自分では間違っていると思う判決にも従わなければならないと考えたのは、やはり、そうした誤った判決を下す可能性のあるアテナイの法や制度に対して、それまでいくたびも批判を繰り返してきたとしても、アテナイを見捨てることなくそこにとどまり、そのことによってその法と判決に従うということに同意し、約束してきたからなのである。

ソクラテスを死へと導いた理由、それは、「私がそれに従うことに同意し約束した法を一方的に破って、いまここで脱獄するのは不正である」という認識であり、正不正に関する「知」そのものであったと考えるべきではないだろうか。もちろん、このような知をもったとしても、すべての人がそれに従うわけではないだろう。だが、あることが正しいと同意した以上、それをしなければならないということをすでに確認したソクラテスは、この知に忠実に生きた。すなわち、この「知への愛」こそが、ソクラテスをして死の判決を受け入れさせた当のものだったのである。

よく生きること

同じ『クリトン』の中でソクラテスは、「大切にしなければならないのは、ただ生きるということではなく、よく生きる（τὸ εὖ ζῆν）ということなのだ[16]」と語り、そして「よく生きる」ということは「正しく生きる」（τὸ δικαίως ζῆν）ということと同じだと述べている。

先に触れたように、われわれの日常的な行為にはすべてなんらかの目的がある。われわれは何かを手に入れ、何かを達成するために行為し、その目的の実現のために努力する。そこで行なわれた行為は、あらかじめ前提された目的を達成するために〈有用であり〉、あるいは〈役に立ち〉、あるいは自分の〈得になり〉、誰かにとって〈快い〉という意味では〈よい〉行為であろう。例えば、「人に軽蔑されないためには、ソクラテスを脱獄させるのがよい」だろうし、「子供を養育するためには、国外に逃亡するのがよい」であろう。だが、すでに見たように、ソクラテスは、何をなすべきかを問うときには、こうした考察を一切排除し、ただひたすら何を行なうことがそれ自体として〈よい〉ことであり〈正しい〉ことなのかということだけを問題にした。つまり、このような問いによってソクラテスは、〈役に立つ〉とか〈得になる〉とか〈快い〉といったことには還元されえない〈よさ〉の次元が存在するということ、ある目的を達成するために〈役に立つ〉とか、誰かにとって〈快い〉といった、なんらかの条件のもとでの「相対的なよさ」ではなく、まさに「無条件的なよさ」ないし「絶対的なよさ」が問題となる次元が存在するということを見て取り、この無条件的な〈よさ〉あるいは〈正しさ〉こそが人間の生に人間の生としての価値を与えるのだ、ということをわれわれに告げているのである。ソクラテスにとっては、命を長らえるとか命を長らえさせるということですら、魂においてすぐれている、すなわちよく生きるとか正しく生きるということとは、まったく別の事柄だったのである。[17]

こうしてソクラテスによって、「何をなすべきか」、「いかに生きるべきか」という問いは、たんに「生き延びること」や「うまく生きること」を目指す処世訓的なレベルから、まったく新たな次元へ、つまり「無条件的なよさ」の地平へと引き上げられることになった。もちろんわれわれは、ソクラテスの具体的な判断に関しては、例えば不当な判決に従うことは本当に正しいことなのか、とあらためて問い直すことはできるであろう。しかし、この問いもまた、なんらかの制限された視点のもとで、つまり、何かの役に立つとか有用であるという意味で〈よい〉のかと問うのではなく、そうしたことがそれ自体として〈よい〉あるいは〈正しい〉のかと問うものであるかぎりでは、すでにこのような問いを発するわれわれ自身も無条件的なよさの地平に立っているのである。ソクラテスが後世のわれわれに残したものは、まさにおのれの行為をこうした無条件的な善あるいは絶対的な善の地平で考察するという課題であり、この課題を引き受けるのが倫理学なのである。

［注］

（1）プラトン『エウテュデモス』278E、一二二頁。
（2）アリストテレス『ニコマコス倫理学』I,4,1095a、七頁。
（3）ハーマン『哲学的倫理学叙説』、三頁以下参照。
（4）ハリス「臓器移植の必要性」参照。
（5）ディオゲネス・ラエルティオス『ギリシア哲学者列伝』上、二〇頁。
（6）プラトン『ソクラテスの弁明』参照。

（7）ディオゲネス・ラエルティオス、前掲書、一五二頁参照。
（8）プラトン『国家』562A以下、六〇七頁以下、アリストテレス『政治学』III,7,1279a、一〇七頁以下参照。現代の哲学者カール・ポパーは、多数決によって独裁制へ移行する可能性を「民主制のパラドックス」ないし「多数派支配のパラドックス」と名づけている（ポパー『開かれた社会とその敵 第一部』、二八八頁以下参照）。
（9）以上の背景説明およびソクラテスの生涯に関しては、プラトン『ソクラテスの弁明』、『クリトン』、および『パイドン』参照。またクセノフォーン『ソークラテースの思い出』、田中美知太郎『ソクラテス』、村井実『ソクラテス』、保坂幸博『ソクラテスはなぜ裁かれたか』等参照。ちなみに、ソクラテスないしプラトンにとって、知を愛することとしての哲学の意義は、この無知の自覚に基づいて「人の生き方にかかわる吟味」へと導くことにあり、このような吟味を行なうことこそが、職業的専門知識の教授とは区別された、人間としての普遍的教養をも意味していた。この点については、廣川洋一『ギリシア人の教育』参照。
（10）以下、プラトン『クリトン』参照。
（11）『クリトン』49B、一三六頁。
（12）プラトン『ゴルギアス』469B–C、七〇頁。
（13）『クリトン』49E、一三八頁。この箇所の読み方は、プラトン『ソクラテスの弁明・クリトン』（一四三頁）に従った。同書『クリトン』訳注（22）参照。
（14）以下、『クリトン』49E–54E、一三八―五〇頁参照。
（15）『ソクラテスの弁明』32C–E、九〇頁以下参照。
（16）『クリトン』48B、一三三頁。
（17）『ゴルギアス』512D–E、二〇一頁。

第2講　絶対的価値は存在するか

第1節　課題に伴う困難

善悪の相対性

ソクラテスの問いを引き受けた古代の哲学者たちのうち、その思索の深みにおいても拡がりにおいても、後世に比肩する者を許さないような姿でそびえ立っているのが、プラトンでありアリストテレスである。「倫理学」（τὰ ἠθικά）という名称をはじめて使用したのもアリストテレスであるが、彼によれば、もろもろの行為に関する事柄を、「いかなる仕方で行為すべきであるか」という観点から考察すること、これが倫理学の基本課題である。[1]「どうしたらよいだろうか」というわれわれの日常的な問いは、確かにこの基本課題に触れる問いなのである。

ところが、ソクラテスがわれわれに課した問い、すなわち、いかに行為すべきかを問うときには、なんらかの制約された条件や特定の観点のもとにおいてではなく、行為がそれ自体として〈よい〉あるいは〈正しい〉のかと問わなければならないというこの課題は、ある独特の困難を伴っている。第一に、少なくとも日本語の〈よい〉に当たる英語の "good" やドイツ語の "gut" という言葉は、語源的に「〜に適している」という意味をもっている。[2] ここに見られるように、〈よい〉という言葉は、通常は、あるものの価値をある基準に照らして相対的に言い表わす言葉なのである。ある車が〈よい〉ということは、例えばスピードが出るという意味で、あるいはスタイルが好みに合うという意味で、あるいは価格が安いという意味で〈よい〉のであって、そうした基準なしに「それ自体でよい車」というようなものはきわめて考えにくいであろう。同様に、ある行為が〈よい〉という場合も、それがなんらかの目的の実現に「役に立つ」とか、誰かにとって「快い」という意味では十分に理解できるとしても、そうした考慮を一切離れて「それ自体でよい行為」というものはどのように考えればよいのだろうか。もし〈よい〉という言葉がなんらかの基準に相対的な意味しかもちえないとすれば、無条件的な善ないし絶対的な善の地平で行為の〈よさ〉を考えよというソクラテスの要求は、われわれには本来、実現不可能な課題を突きつけていることになるのではないだろうか。あるいは、このように〈よい〉という言葉がある基準に相対的にのみ使用できるにもかかわらず、行為について「それ自体としてよい」と判断することを可能にするようななんらかの絶対的基準が存在するのであろうか。

倫理学の語源

しかし、この問題に関しても、「倫理」や「道徳」という言葉がすでに「習俗」や「慣習」という意味をもつ言葉から派生してきたという事情のうちに、一つの大きな困難が潜んでいる。すなわち、慣習や習俗によって与えられる善悪の基準はそれぞれの社会ごとに異なり、場合によってはまったく相反する行為が〈よい〉とみなされることもあるということである。

ヨーロッパの言語における "ethics"（英）や "Ethik"（独）、"éthique"（仏）という語は、いずれもギリシア語の "ἦθος" に由来する。これは本来「住み慣れた場所」を意味し、そこから、住み慣れた場所において形成され、その中で人間が生を営むところの「慣習・習俗」を意味するようになり、さらに慣習の結果として作り上げられる人間の「性格」をも意味するにいたったという(3)。アリストテレスは、この "ἦθος" という語を、本来「習慣」を意味する "ἔθος" に由来するものとして捉え(4)、ここから習慣づけによって身につけるべき徳を論ずる学問に「倫理学」という名称を与えたのである。また、"moral" という言葉はラテン語の "moralis" に由来するが、これは "ἔθος" の翻訳語として、それとほぼ同じ「慣習」という意味をもつ "mos" の複数形 "mores" からキケロ（Marcus Tullius Cicero, 106-43B.C.）が作り出した言葉であるという。「人倫」とも訳されるドイツ語の "Sittlichkeit" も同様に、「風習・風俗・慣習」などを意味する "Sitte" から派生した言葉である。さらに、われわれの「倫理」という言葉も、「倫」とはなんらかの秩序をもって集まった人々のことであり、共同体を共同体たらしめる秩序のことであって、後者の意味は「理」によってさらに強められることになる(5)。

このように、いずれにせよ「倫理」とは、人間の共同体において、共同体を共同体たらしめている慣習や習俗を意味するのであり、学問としての倫理学の対象もまた、そうした慣習や習俗の領域のうちに見いだされるほかはない。しかも、アリストテレスは「いかなる仕方で行為すべきか」を考察するのが倫理学の課題であるとしたが、われわれの日常的な行為を実際に規制しているのは、多くの場合、明文化されてはいないがある集団の中で維持されている慣習的規則であり、いかに行為すべきかを指図するのもまたこうした規則である。子供は、言葉遣いや挨拶の仕方などの礼儀作法・マナーを最初に教え込まれ、さらに近所づき合いの仕方や相互協力の方法などを学び、あるいは冠婚葬祭におけるしきたりなどを習得することによって、しだいに社会の一員として認められるようになる。明文化された法律ですら、たいていの場合は慣習的な規範の存在を前提とし、それゆえ、その社会の慣習に著しく反するような法律を制定しようとすれば、大きな抵抗を招きかねないであろう。(6)したがって、われわれの行為を規制し、いかに行為すべきかを指図する規範は、通常は社会的慣習に基づくのであり、そうした規範に合致した行為がとりあえずは〈よい〉と呼ばれることになる。

規範の多様性

このように「いかなる仕方で行為すべきであるか」という倫理学の基本課題は、「いかなる規則に従うべきか」という問いでもある。というのも、そもそも行為が礼儀作法やマナーにかなっているかどうか、あるいは法律に従っているかどうかという点で評価されるのは、つまりなんらかの規則や規範に合致しているか否かという点で評価されるのは、われわれの行為が人間の行為である以上、つねに「規則に従う」という基本様式のもとにあると理解されるからである。(7)

もちろんこのことは、われわれの行為がつねに法律や道徳の規則に実際に従っているとか、われわれの行為はつねに規則的に生じるということを意味するのではない。われわれは法律に違反することもあれば、習慣的という意味で規則的な行為からはずれたことを行なうこともある。だが、われわれが法律に違反する場合ですら、それが人間の行為であるかぎり、なぜそうしたのかとその理由を尋ねてみるならば、そこにはなんらかの規則が存在しているはずである。例えば、自分が損をするという理由で契約を破る人は、「自分の利益にならない場合には契約を破棄する」というような規則に従っていると理解することができる。大人の決めた規則をことごとく破ろうとする子供たちもまた、「大人の決めた規則には従わない」という「規則」、あるいは「自分の気に入ったことだけを行なう」という「規則」に従っているのであろう。

ところが、このような行為の規則ないし規範がたいていの場合は社会の慣習的な礼儀作法やマナーであるかぎり、否それどころか、法律や道徳規則を意味する場合ですら、いかなる規則に従うべきかという問いは、したがっていかに行為すべきかという問いは、規範の多様性という困難な事実に直面する。つまり、これらの規範はまさに社会的であるがゆえに、社会の相違および時代の変遷につれてきわめて大きな変動を示しており、ある社会の規範に合致した行為は必ずしも別の社会の規範に合致するとはかぎらないということである。このとき、それぞれの社会ごとに異なる規範の相対性を離れて、行為を「それ自体でよい」と判断しうる基準はどこに見いだされうるのであろうか。

例えば、太平洋の探検で有名なキャプテン・クックが到達した当時のハワイでは、未婚の男女の性交渉についてはきわめておおらかであったが、男女が一緒に食事をすることは厳しく禁止されていたという。これはもちろん、キャプテン・クックも共有していたであろうキリスト教の道徳とはまったく正反対のものである。しかも、この二つの性道徳のうち、いずれが正しくいずれが間違っているとただちに判断することもできない。一方の立場に立って他方を断罪することは、問われている事柄の当否を公平に判断するものではない。また現代のわれわれが、こうした問題は個人の自由に委ねられるべきなのだから、ハワイの人々もキリスト教徒も自らの慣習に固執するのは間違っていると考えるとすれば、これもまた速断にすぎるであろう。なぜなら、この問題が個人の自由に委ねられるべきか否かが、まさに問われている事柄だからである。あるいは、善悪の基準は社会ごとに異なり、それらの基準自体の是非を判断しうる第三の立場は存在しないのだから、われわれはそれぞれの社会においてそれぞれの社会の基準に従うしかないと考えるべきなのであろうか。

確かに、「郷に入っては郷に従え」というルールによって解決できる問題は少なくないであろう。例えば、ご馳走になれば、ゲップをして「おいしかった」と感謝の意を示すのがマナーとなっている社会もあろうし、それは失礼に当たると考える社会もある。こうした事柄に関しては、前者の社会で人に招かれれば、ゲップを失礼とみなす社会の人々もゲップをして感謝の意を示し、後者の社会ではゲップをマナーとみなす社会の人々もゲップをこらえるべきである。これがマナーにかなったやり方であり、しかもこの程度のことなら、いずれの社会に属する人々も認めるであろう。しかし、性道徳の場合はどうであろうか。これもまた、本質的にはマナーの問題、つまり、いずれが正しい規則であると決めることもできなければ、決める必要もなく、互いに互いの規則を尊重し合うならばそれでよい、と考えられる問題なのであろうか。だが、実際にはおそらく、いずれの立場をとる人々の間でも、これが「郷に入っては郷に従え」というルールで解決できる問題であると考える人は少ないであろうし、またそう考える人はそう考える人で、ある別の規則――例えば、「性の問題に関しては他人が干渉すべきではない」というような規則――に従っているのではないだろうか。そして、これはこれでまた、議論の余地のある規則に違いない。

第2節　人為（ノモス）と自然（ピュシス）

アンティゴネーの問い

われわれの社会において人々の振る舞い方を規制している慣習的な規則の多様性が自覚され、しかもたんに礼儀作法やマナーに関してだけではなく、共同体における人間のあり方を規制するものとして、より重要と思われる法律や道徳の規則に関してもその多様性が自覚されるとき、われわれはそうした規則の規範性を疑い、その絶対性を否認しがちになる。すなわち、道徳規則の多様性という事実から、唯一絶対の道徳基準の存在を疑い、道徳的なよさや正しさはそれぞれの社会においてのみ意味をもつとする相対主義的な立場が生ずる。もっとも、慣習的な規則の多様性がただ知られるだけでは、必ずしも相対主義に至るとはかぎらない。自分たちの規範を無反省に絶対視する素朴な絶対主義もまたありうるからである。むしろ、このような立場が、われわれが異文化に接触したときの最初の反応であるかもしれない(8)。しかし、いったん、自らの社会を規制している規範の絶対性に対する信頼が揺らぐならば、われわれはなぜそうした規範に従わなければならないのかと問い、そうした規範の正しさの根拠について問わざるをえないであろう。

ところで、こうした社会規範の絶対性を疑問視し、あるいは否認するとき、われわれはいったい、どのような基準に訴えているのであろうか。もし善悪がなんらかの基準に相対的な概念であるとすれば、ある規則を悪しき慣習や悪法ではないかと疑うときですら、われわれはすでになんらかの基準を手元にもっているはずである。このような問題を論ずるときによく引き合いに出される一つの例を紹介しておこう。古代ギリシアの悲劇作家ソポクレスの『アンティゴネー』という戯曲である。

――有名なスフィンクスの謎を解き、テーバイの人々の苦境を救ったオイディプスは、たまたまそこの王が亡くなっていたために、人々から推され、王妃を娶って王位に就くことになった。だが、再びテーバイを襲った苦難を機縁として、自分がかつて旅の途中で実の父親を殺し、いままた妻となっているイオカステーが実の母親であることを知る。そこで彼は、見るべきものを見ることができなかったわが眼をつぶし、娘のアンティゴネーに手を引かれて諸国を放浪し、旅の空の下で死んだ。アンティゴネーはテーバイに戻ったが、やがてオイディプスの息子たちの間で王位をめぐる争いが生じ、彼らはともに刺し違えて死んでしまう。結局、王位を継いだのはイオカステーの弟クレオンであるが、彼は身内の反逆に激怒し、反旗を翻したほうの兄ポリュネイケースの埋葬を禁じる法を告示する。だが、アンティゴネーは兄の亡骸をそのまま打ち捨てておくことはできず、王の命に背いて兄を埋葬し、捕らえられて、クレオンの息子にして許嫁のハイモンとともに自ら命を絶つ。アンティゴネーは、人間の掟に背いても、神の法に従うべきだと考えたのである。――

ここに、古代ギリシアにおける〈自然〉（φύσις）と〈慣習〉（νόμος）との対立の古い源泉を見ることができる。すなわち、ピュシス（自然）を基準にして人為的なノモス（法）の是非を判定するという思考方法であり、アンティゴネーは王の定めた人為的な法（ノモス）に反することであっても、それが神の定めた本来の法（ピュシス）にかなうことであれば、それを行なうのが正しいと考えたのである。われわれもまた、異質な文化に出会い、異なった世代の奇妙な風俗に触れたときには、それを「不自然」だとして斥けることがよくある。このときわれわれは、さまざまに異なる社会規範それ自体の正しさを測る基準として、「自然」という第三の基準に訴えていることになる。

ギリシア人たちは、ペルシアの侵入、植民地の拡大、貿易やそれに伴う人々の往来の増加などによって、否応なしに異文化の存在に気づかされることになった。ギリシアでよいと考えられていたことがエジプトではそうではなく、ペルシア人には当然と思われることがギリシア人には背徳と映る。(9) こうした経験が、一方では、それぞれの都市や国家などのノモスに属する事柄（慣習的な規則や制度、法律など）の相対性を自覚させ、他方では、それらをいついかなるところにおいても普遍的に妥当するピュシスに属する事柄と区別する必要を自覚させたのである。このノモスとピュシスの対比は、ソフィストたちに、現存する諸制度や法律を批判するための強力な武器を供給することになった。(10) ここでは、その代表者の一人と目されているプロタゴラス（Protagoras, c.490-420B.C.）の主張を検討することによって、はたして、このような「自然」が「いかなる仕方で行為すべきか」という問いに対する絶対的な基準を与えるかどうかを検討してみよう。

プロタゴラス

プロタゴラスについては、次のように伝えられている。

ある人たちは、アブデラの人プロタゴラスをも、判断基準を撤廃した哲学者のうちに算入している。すべての現れおよび思いなしは真であり、また、ある人にとってのすべての現れないし思いなしは、すなわちその当人にとってあるがゆえに、真理は関係的なものである、というのが彼の主張だからである。なるほど彼は、『打倒論法』の冒頭で、こう表明した。〈人間はすべてのものの尺度である――あるものについてはあるということの、あらぬものについてはあらぬということの尺度である〉[11]。

このいわゆる「人間尺度論」は、知識に関する主張としては、プラトンによって以下のように理解されている[12]。つまりこれは、「知識は感覚にほかならない」という主張であり、「おのおののものが何らかの様子で僕に現われている場合、そのものは僕にとってそのようなものとしてあり、また君に何かの様子で現われておるならば、それはまた別に君にとってそのようなものとしてある」[13]ということを意味する。例えば、酒を口に含んだときに、それが甘いものとして現われるか辛いものとして現われるかは、それぞれの人にとって異なり、同じ人でも健康なときと病気のときとでは異なる。だが、酒が作用を及ぼすのはまさにその人に対してなのであり、それを感覚しているのもほかならぬその人なのである。それゆえ、「僕の感覚というものは僕にとっては真なのだ[14]」。そのかぎりで、「虚偽の感覚」というようなものはありえないことになる[15]。

この「人間尺度論」を道徳の問題に適用するならば、それは次のような主張になる。すなわち、「何が美風であり、何が陋習であるか、何が正当であり、何が不正であるか、何が敬神で、何が不敬であるかというようなことは、各国家がそれをそう思って自分のところの法に制定すれば、どんなものだって、その各々の国家にとって真実またそうありもするのである」[16]。あるいは、「およそ一国一都市が自らにそれと思われたところのもの（すなわち議定したもの）をもって法律に制定した場合、そのものはかく制定した国家都市にとって、それがかく制定されてある限り正しいものでまたありもするのだ」[17]。つまり、正不正はたんに人為的・慣習的なノモスの上でのことにすぎないということである。ソフィストたちによれば、人間の「徳」（ἀρετή）とは、人がよくその役割を果たすことであり、ポリスで人としてよく役割を果たすとは、立身した市民になることである。そのためには、集会や法廷で人々に感銘を与えなければならないが、そのためにはまた、正不正についてそれぞれのポリスの支配的な慣習に従わなければならない。それぞれのポリスには独自の慣習があり、聴衆を納得させ傾聴させるためには、その慣習をよく知り、それに順応することを学ばなければならない。ソフィストが教えるのはまさにそのための「技術」であり、それゆえ彼らは「徳の教師」を自任していたのである。

ところが、正義の基準はポリスごとに異なるというこの主張は、「私は何をなすべきか」という問いを道徳の問題として問おうとするとき、実はいかなる答えをも与えることはできない。むしろ、その問いを道徳の問題として問うことを不可能にする。というのも、〈よい〉とか〈正しい〉という言葉が「あるポリスや国家において支配的である」というように定義されるならば、「そうするのがよい」とか「そうするのが正しい」という答えは、「あるポリスではそうするのがよいと考えられている」とか「ある国家ではそうするのが正しいとみなされている」という事実の報告にすぎなくなるからである[18]。だが、ソフィストたちは実際、「ポリスの支配的な道徳に従うのがよい」と主張する。この〈よい〉という言葉の意味は決して「あるポリスで支配的である」という意味ではない。つまり、彼らは〈よい〉という言葉を、彼ら自身の定義の意味で首尾一貫して使用しているのではない。確かに、正義の基準はポリスや国家ごとに異なっているように見える。だが、われわれはそうした異なった基準の間で選択しなければならないのであり、たとえ自分が生まれ育った場所において支配的な道徳に従っているときですら、それに従うことを自ら選択したとみなされなければならないのである。さもなければ、われわれの行為という概念は根底から失われてしまうであろう。道徳に関するソフィストたちの相対主義的見解は、まず第一に、こうした形式的な側面において自家撞着せざるをえない[19]。

さて、ソフィストたちは、正義とみなされているものがポリスや国家ごとに異なっているということから、社会における正義はたんに人為的・慣習的なノモスの上でのことにすぎないと考えたのであるが、しかし彼らの主張はこれにとどまらない。正義の実質的な定義に関しては、彼らは独自のピュシスの観念に基づいて、むしろある絶対主義的な見解をとる。例えば、プラトンの『国家』においてソクラテスの対話相手となるトラシュマコスによれば、「〈正しいこと〉とはすべての国において同一の事柄を意味している、すなわちそれは、現存する支配階級の利益になることにほかならない[20]」。ここでは、正義が「強者の利益」を意味するということは、たんなる観察の事実として語られているのではない。〈正しいこと〉が「有益なこと」や「有用なこと」を意味するかぎり、それはむしろ正義の本質をなすものである。共同体を構成する諸個人の利益が必ずしも相互に一致しない場合には、ある特定の個人や集団の利益が優先されざるをえないが、そのような個人や集団こそが「強者」と呼ばれるからである。しかも、こうした正義の観念は、人間の本性（ピュシス）に基づくものとして肯定される。ソフィストのゴルギアスもまた、「贅沢と、放埒と、自由とが、背後の力さえしっかりしておれば、それこそが人間の徳（卓越性）であり、また幸福なのであって、それ以外の、ああいった上べを飾るだけの綺麗事や、自然に反した人間の約束事は、馬鹿げたたわごとにすぎず、何の値打ちもないものなのだ[21]」と断言する。つまり、自分自身の個人的・私的な欲求に従うことこそがピュシスにかなった真の正義なのであり、そうした欲求を制限しようとする道徳なるものはたんなる人間の間での取り決めにすぎない、というわけである。

自然という概念の人為性

強者の利益がピュシスにかなった正義であるという主張そのものの是非は、いまは問わないでおこう。しかし、〈正しさ〉を自然に基礎づけるという方法、あるいは自然なあり方をしている人間の間には道徳は存在せず、裸の欲求と欲求のぶつかり合いがあるだけだというソフィスト的な自然的人間観には、次のような問題が指摘されうる。すなわち、すでに述べたように、そもそも「規則に従わない行為」という概念が成立しないとすれば、人間において「自然」（ピュシス）とは「社会的慣習（ノモス）を欠くこと」ではありえない。われわれが人間に関する事柄について「自然」という言葉を使うとき、通常は決して一切の人為と対立した意味での自然を考えているのではない。例えば、ある医学的療法を「不自然だ」と言うとき、たいていの場合、われわれはそれ以前の治療方法を「自然な」ものとみなしている。しかしそれもまた、人間の考え出した方法であり手段であるかぎり、人為的であることに違いはない。畳の上で死ぬことが自然であるとはいっても、それはある時代のある人々にとってだけなのであり、こうした場合に使われる自然（ピュシス）とは、もう一つの慣習（ノモス）にほかならないのである。
またゴルギアスは、自然的人間を「贅沢・放埒・自由」という特性によって規定するが、しかし、これらの特性を表現する言葉そのものが、ノモスによって規制された社会状態を前提にしている。すでになんらかの仕方で確立された行為の規範（ノモス）が存在しなければ、ある振る舞いを贅沢であるとか放埒であると名づけることすらできないからである。ある規範が存在し、その規範にかなった振る舞いが期待されるからこそ、その規範からの逸脱が「贅沢」とか「放埒」と呼ばれうる。もちろん、われわれはこうした規範が適用できない動物の振る舞いに関しても、「残酷だ」とか「やさしい」と表現することはある。しかしこの場合ですら、われわれは、人間の間で通用しているなんらかの規範を基準とし、その規範によって要求された振る舞いの仕方を基準として動物の振る舞いを記述し、評価しているのである。

あるいは、自然界は「弱肉強食」なのだから、人間の世界でも強い者が勝つのは当然であるという議論がよくなされる。しかし、「弱肉強食」という概念そのものが人間の社会生活から獲得されたものであるということを別にしても、この議論を成り立たせるためには、「自然に従って生きることはよい」という前提が必要である。これは文字どおりには、「動物と同じ仕方で生きるのがよい」ということを意味することになるが、はたして弱肉強食論者はこのようなことをまともに主張し、実践しようとしているのであろうか。ポパーによれば、確かに、人間のある種の行動形態は他のものよりも「自然的」だと記述できることは認めなければならない。例えば、裸で歩くことや生の食べ物だけを食べることなどである。しかし、この意味では、芸術や科学、あるいは自然主義を支持する議論に興味をもつことさえも「自然的」ではなくなる。「至高の基準として〈自然〉との一致を選ぶことは、究極的にはほとんどの人が直視する覚悟をもたないような結果へ通じる。それはより自然な形態の文明へと導くのではなく獣性へと導くのである[22]」とポパーは指摘している。あるいは、マッキンタイアーによれば、「いわゆる自然的人間について述べるということは、社会生活の中で用いられる用語で語るということである。つまり、前社会的だと言われるものも、ある社会秩序の存在を前提しているのであって、自然的人間の概念は、致命的な内的不整合をはらんでいる[23]」のである。

このように、社会規範の多様性という事実に直面して、自らの行為の正しさを基礎づける絶対的基準として「自然」という概念をもちだすとしても、その概念はすでにそれ自体が「慣習」という人為的基準であるか、それとも人間の行為の判定基準としては役に立たない概念であるかのいずれかとならざるをえない。つまり、「自然」を基準とすることによっては、われわれの行為の善悪を判断することはできない。それでは、われわれの行為の善悪を判定すべき絶対的基準などは存在しないのであろうか。

【例題3】「自然な死」とはどのようなものであろうか。「自分で摂取する力がないのに栄養・水分を強制的に補給されるというのは〈不自然〉だ。衰えていって食べ物もとれなくなったら、枯れるように死ぬのが〈自然〉だ」と考えるべきであろうか。それとも、「現代の医療では、栄養や水分の補給はありふれた措置であり、それを中止することによって助かる命を助けないことこそ〈不自然〉だ」と考えるべきであろうか[24]。前者を徹底するならば動物的な生に至り、後者を徹底するならばあらゆる延命措置を肯定することになるように思われるが、しかしいずれの立場も、そのようなことまでをも

「自然」という言葉で理解しているのではないであろう。では、われわれはいったい、「自然」という言葉によって何を意味しているのであろうか。

［注］

（1）アリストテレス『ニコマコス倫理学』II,2,1103b、四二頁。
（2）例えば、*The Oxford English Dictionary* の"good"の項参照。
（3）久野昭『倫理学の概念と形成』、三五頁以下参照。
（4）アリストテレス、前掲書 II,1,1103a、三九頁。
（5）"ethics"等の訳語として「倫理学」という言葉が使用されはじめた事情については、久野、前掲書、一五頁以下参照。
（6）例えば、カトリック文化の強い地域では、依然として中絶禁止法の制定を求める運動が続いており、あるいは一部のイスラム原理主義者は、女性に対する教育や職業訓練の実施をイスラムの伝統文化に反するものとして反対している。日本での一例を挙げれば、政治や行政を透明化し公平にする努力は、まさに「日本の政治風土になじまない」という理由で、支配政党と官僚機構によってことごとく斥けられる傾向にある。
（7）例えば、黒田亘『行為と規範』、一六頁以下参照。
（8）この点については、古茂田宏「道徳的相対主義と寛容の限界」、一〇五頁以下参照。
（9）ヘロドトス『歴史』には、ギリシア人が見聞した多くの事例が集められている。
（10）ダントレーブ『自然法』、一六頁参照。
（11）内山勝利編『ソクラテス以前哲学者断片集』第V分冊、一八頁。
（12）プラトン『テアイテトス』151D以下、一〇六頁以下参照。

（13）同書 152A、二〇七頁。
（14）同書 160C、二三四頁。
（15）しかしながら、こうした議論は教師としてのプロタゴラス自身の立場を危うくする。というのも、もしすべてのものが各人にとってそう思われるとおりにあり、しかもそう思われているものはすべて真である（ἀληθής）ということを認めるならば、いかなる人も決して間違って判断することはないということになり、すべての人は真理という点に関して同等であり、誰も教師として優位に立つことはないはずだからである（同書 161D-E、二三八頁参照）。これに対してプロタゴラスは、確かに誰の判断も間違いではないが、それでも、ある人々の判断は他の人々の判断よりも好ましい有益な結果をもたらすのであり、この点で「知恵の優劣」が成立すると主張することによって、この困難を切り抜けようとする。例えば、国家にとって「有益なるもの」（χρηστά）が正当なもの（δίκαιος）であり、国民に対して劣悪なものではなく有益なものを正当と思わせるようにする者がいれば、彼は「知者」と呼ばれ、金銭を提供される値打ちのある者である。つまり、虚偽を思いなす人は一人もいないとしても、それでも知恵のある者とない者との区別はあるというのである（同書 166D-168C、二五五―六〇頁参照）。この議論では、知者の基準が、「真理を知っている」ということから、「有益なことを知っている」ということに移行している点に注意すべきである）。だが、こうした主張もまた、プロタゴラス自身の論拠に基づいて反駁されざるをえない。なぜなら、あるものが有益であるとか劣悪であるとかいう判断それ自身の真偽が語れない以上、ある判断がすぐれているとか劣っていると判断することもまた、それぞれの思いなしの事柄となってしまうからである。この問題については、マッキンタイアー『西洋倫理思想史』上、二九頁以下参照。
（16）プラトン、前掲書 172A、二七二頁。
（17）同書 177D、二八八頁。
（18）あるいは、注（15）で見たように、「有益なもの」や「有用なもの」が「正しい」と定義されるならば、「あることが正しい」とは「あることが有益である」ということを意味するが、これもまた事実の報告である。

(19) この問題については、第3講であらためて取り上げる。
(20) プラトン『国家』338E、五六頁。
(21) プラトン『ゴルギアス』492C、一三八頁以下。
(22) ポパー『開かれた社会とその敵 第一部』、八二頁以下。
(23) マッキンタイアー、前掲書、三四頁。
(24) 清水哲郎『医療現場に臨む哲学』、一六六頁参照。

第3講　絶対的価値は存在しないか

第1節　相対主義の諸問題

相対主義の時代

現代の知的状況を特徴づけるキーワードの一つが「相対主義」であることは、さまざまな人によって強調されてきた。「相対主義」とは、ある事典によれば、「絶対的あるいは普遍的な道徳基準は存在せず、道徳的に正しいとか不正であるものは、個人や集団ないし文化に対して相対的である、という信念」[1]と定義されている。しかし、現代における相対主義は、道徳基準における絶対性ないし普遍性の否定にとどまるものではない。それは、歴史学や精神科学のみならず、自然科学的な認識ないし知識における絶対的真理という観念の否定をも含んでいる。例えば、歴史認識はそれを解釈する歴史家の現在の関心に支配されており、それゆえつねに相対的であるとか、対象把握はつねにある空間的なパースペクティヴに限定されており、いかなる事実判断もその対象が見られる観点に相対的であると主張されたりする[2]。

こうした相対主義の潮流は、ある人々にとっては、真摯な真理探究を不可能にするきわめて遺憾な傾向であるように見える。例えば、ポパーは次のように記している。「今日の知的生活のもっとも不穏な特徴の一つは、非合理主義が非常に広範に擁護されており、非合理主義的教説が当然のこととされているという点にある。私の見るところでは、現代の非合理主義の主要な構成要素の一つは、相対主義（真理はわれわれの知的背景ないし知的枠組みに対して相対的であり、ある枠組みから他の枠組みへ変化するかもしれないという教説）であり、特に、異なる文化、異なる世代、ないし異なる時代の間の相互理解が不可能であるとする教説である[3]」。

さてしかし、このように相対主義的傾向を嘆くポパーですら、道徳の領域においてはある種の相対主義的な立場を採用しているという事実こそ、まさに現代における相対主義の地位を物語っているであろう[4]。前講でもプロタゴラスの議論に即して道徳的相対主義のもつ問題点をいくつか指摘したが、ここでは、「無条件的なよさ」を問うというソクラテスの問いがそもそも不可能な要求なのかどうかという観点から、あらためて道徳的相対主義の議論を検討してみよう。

道徳的相対主義の基本テーゼ

先に挙げた定義に見られるように、道徳的相対主義とは、あらゆる人間にとって真である道徳的価値の普遍的な基準の存在を否定し、あらゆる人間を拘束する道徳的義務の普遍的原理の存在を否定する理論であり、通常はプロタゴラスをもって嚆矢とする。もちろん、本書でものちに検討するように、道徳的相対主義にもさまざまな形態がありうるが、ここではプロタゴラス的と理解された相対主義を構成する基本テーゼを以下の三点において取り出し[5]、その問題点を整理しておこう。

(1) それぞれに異なった個人や集団によって受け入れられ支持される道徳的判断は、しばしば異なっており、きわめて基本的な仕方で衝突し合っている。

(2) さまざまな個人や集団の道徳的判断が一致しない場合、それらのうちのいずれかを正しいものとして確立しうるような方法は存在しない。ときには、衝突し合っている原理は等しく妥当で正しい、ということがありうる。

(3) 人々は自分自身が採用した原理に従って生きるべきであり、また生きるよう試みるべきである。

文化的相対主義

道徳的相対主義は、歴史的に見ても、いわゆる文化的相対主義を根底に置くことが多い。すなわち、人々のもつ道徳的見解は、とりわけ個人が属する集団の文化的伝統ごとに、ときにきわめて基礎的なレベルで衝突することがある、という見方である。第一テーゼはこのことを主張している。すでに見たように、確かに古代ギリシアにおいても、植民地の拡大などによって他民族との接触が増大し、他民族の習慣や慣習、風俗などに関する知見が増大したことを機縁として、価値に関する相対性の自覚が芽生えたのであった。しかし、文化的集団間において道徳的判断がそれぞれ異なっているという経験的事実から、普遍的な道徳基準の存在を否定する道徳的相対主義を引き出す議論には、いくつかの問題がある。

第一に、慣習や習俗の違いは基礎的な道徳的原理の相違に基づくという想定である。例えば、ローマ人は、自分の父親を殺すことは非難されるべきことであると強く信じていた。他方では、ヘロドトスの報告にも見られるように、年老いた父親を殺すことを息子たちの義務とみなしている民族もあった。それでは、この両者の間では基礎的な道徳的原理が異なっているのであろうか。おそらくそうではないであろう。両者にとって、父親を殺すという行為は決して同じ意味をもっているわけではないからである。後者は、来世における生まれ変わりを信じ、来世における身体はこの世を離れるときとまったく同じであり、それゆえ身体が衰える前にあの世に送り出すほうがよい、と信じているのかもしれない。あるいは、父親の身体を食べることによって子孫の身体と同化させ、そうすることによって人は永遠の生命を得ることができる、と信じているのかもしれない。これに対して、ローマ人はこうした信念をもっていない。だとすれば、「年老いた父親は殺すべきではない」とするローマ人と、「年老いた父親は殺すべきである」とする民族との対立は、実際には、同一の行為についての道徳的判断の対立ではないことになる[6]。むしろ両者は、「敬老の精神」という基礎的原理を共有していると見ることができよう。

このことはすでに、近代イギリスの哲学者ヒューム（David Hume, 1711-76）が指摘していた。彼によれば、古代のアテナイやローマと現代（すなわちヒュームの時代）のイギリスの習俗・慣習を比較すると、きわめて多くの事柄が正反対の評価を受けている。妹を妻にすること、無実の親友を暗殺すること、自殺することなどは古代においては称賛されていたが、現代のイギリスでは恥ずべきこととされている。逆に、決闘の習慣などについては、古代アテナイ人は認めないであろう。しかし、このような相違は決して基礎的な道徳的原理が異なっているがゆえに生じるのではない。例えば、アテナイで、ある父親に、なぜ生まれたばかりの子供の生命を奪ったのかと尋ねたとすれば、彼は次のように答えるであろう。私は子供を愛しており、子供が私から相続するに違いない貧乏のほうを、子供が恐れたり感じたり憤慨したりすることのない死よりも大きな悪とみなしているからだ、と。良識・知識・機知・雄弁・人間性・忠実・真実・正義・勇気・節制・節操・心の気高さなどに対する高い評価は、両者において同一である。ただ、同一の山に源を発し、同一の重力の法則によって流れるとしても、地面の傾斜が異なることによって、ライン川は北に流れ、ローヌ川は南に流れる。道徳に関しても事情は同じなのであり、「人々が道徳において推論の基礎とする諸原理は、彼らの引き出す結論がしばしば非常に異なるにもかかわらず、つねに同一である[7]」とヒュームは言う。

このような考察は、ある行為に関する事実的な価値評価の相違から、ただちにその根底にある基礎的な道徳的原理の相違を結論づけることはできないということを強く示唆している。具体的な行為についての価値評価は、基礎的な道徳的原理とともに、その行為が基礎的な道徳的原理によって正当化されるか否かという判断をも含んでおり、この判断は事実に関する評価者の信念を基礎に置いている。それゆえ、事実に関する信念が異なるならば、同じ道徳的原理を有していても、一つの行為に対する価値評価は異なることがありうるのである。ただし、こうした論証は、それだけでは、異なった道徳的判断の根底につねに同一の原理が存するということを積極的に証明するわけではない。

自然主義

文化的相対主義から道徳的相対主義を導き出す論証の第二の問題点は、先に挙げた第二のテーゼにかかわる。そのテーゼによれば、個人や集団間の道徳的判断が一致しない場合、それらのうちのいずれかを正しいものとして確立しうる方法は存在せず、それゆえ唯一の、あるいは普遍的な道徳的原理は存在しない、ということになる。確かにわれわれは、さまざまな民族の風習や習慣を比較する際に、安易にどちらがすぐれているとか進歩しているとかいう判断を下すことは慎むべきであろう。未婚の男女の婚外交渉を禁ずる風習と共同の食事を禁ずる風習とのいずれがすぐれているかは即断できない。われわれは、独断的な自民族中心主義も、その裏返しとしての他文明崇拝も、ともに警戒しなければならない。しかしながら、このことと、諸集団の間の道徳的判断の不一致から普遍的な道徳的原理の存在を否定することとは、別の問題である。人々がそれぞれに道徳的であるとみなしているものが異なっているという事実から、普遍的な道徳的原理が存在しないということが帰結するのは、「人々が道徳的であるとみなしているもの」と「真に道徳的なもの」とが同一であると言える場合だけである。[8] これは、メタ倫理学[9]としての自然主義の一形態、すなわち「べし」を「社会によって要求されている」と同一視する「定義論者」ないし「自然主義者」と呼ばれている人々が保持している前提である。

例えば、ペリー（Ralph B. Perry, 1876-1957）によれば、善とは個人の「積極的関心の対象」であることを意味し、道徳的善とは、関心が「無害（innocence）と協同（cooperation）という調和の要求を満たす場合」の、その関心の対象であることを意味する。[10] ペリーにとって、「Xはよい」ということは「私はXを欲求する」ということの言い換えであり、またこの欲求が、他人に危害を加えず、他人との協同を促進するという共同体の利益にかなう場合には、その欲求の対象は道徳的によいと言えるのである。この見解によれば、倫理的判断とは、ある種の経験的事実についての偽装された経験的主張にほかならない。そこから、このような立場は「自然主義」と呼ばれることになる。ペリーによれば、このような定義は、それ自身「経験的あるいは記述的方法」によって、すなわち通常何かが価値あると考えられているすべての場合を考察し、そこに共通に存している特徴を見いだすことによって得られたものである。

確かに、ある人が何かをよいとみなすときには、少なくともその人はそれに対して積極的な関心を抱いているのであり、このかぎりでこれは経験的に真なる事実命題であると言えるかもしれない。ただしペリーも、このような意味での積極的関心の対象がすべて等しく道徳的な善であると主張するわけではない。なぜなら、われわれが対象に対して抱く関心には、「強度」・「好み」・「包括性」の点で相違があり、価値の比較という点ではとりわけ包括性の原理が重要だからである。[11] つまり、より包括的な関心を満足させるもの、そして一人の人間の関心を満足させるものよりは、より多くの人々の関心を満足させるもののほうが、より高次の善なのである。それゆえわれわれは、個々人の関心が衝突し合わない調和的な社会を目指さなければならない。すなわち、われわれは、お互いに他人の積極的な関心を尊重し合わなければならず、すべての人の関心が調和的に実現されることを自分自身の関心としなければならないのである。

しかし、このように善の一般的定義から道徳的な善の定義に移行するとき、ここには一つの見逃しえない問題が潜んでいる。「積極的関心の対象」という善の一般的定義は、ペリーが主張するように、経験的事実命題であるとしよう。だが、「無害と協同という調和の要求を満たすような積極的関心の対象」という道徳的善の定義は、前講で見たトラシュマコスやゴルギアスの例をもちだすまでもなく、決してわれわれの経験から直接引き出されうる命題ではない。それにもかかわらず、積極的関心の相互尊重が道徳的善の内容をなすと主張するとすれば、これはまさに一つの価値判断にほかならない。つまりここには、事実判断のみから価値判断を導出するという「自然主義的誤謬」[12]が存しており、後者はそれ自体、なんらかの仕方でさらに正当化されなければならない命題なのである。[13]

このように、道徳的な意味での〈よさ〉や〈正しさ〉を事物の自然的性質から導出し、あるいは定義することが不可能であるかぎり、人々が道徳的とみなしていることが社会ごとに異なるという事実から、普遍的な道徳的原理の存在を否定することもまた不可能とならざるをえない。「人々が道徳的であるとみなしているもの」と「真に道徳的なもの」とが同一であるという保証はどこにもないのである。とはいえ、このこともまた、人々の道徳的判断が正しいとか間違っているということを決定しうる確実で普遍的な基準が存在することを積極的に立証しているわけではない。

自己例外化の誤謬

一般に相対主義が、「いかなる主張も、それを行なう特定の個人の信念や態度との関係で見られなければならず、真理は、その主張をなす人の特性に相対的である」ということを主張しようとするならば、すでにプロタゴラス説の吟味が示唆していたように、こうした主張はただちに次のような困難に巻き込まれることになる。つまり、この相対主義の命題それ自身が、それを主張する個人の信念や態度に対して相対的にのみ真偽が判定されうる、ということである。[14]それゆえ、もし相対主義者が、自分の命題だけは真であると主張するならば、「自己例外化の誤謬」を犯していることになり、それゆえ、この命題は「自己破壊的」であることを認めざるをえないであろう。[15]

われわれの第三のテーゼについても同様である。「人々は自分自身が採用した原理に従って生きるべきであり、また生きるよう試みるべきである」というテーゼが真でありうるのは、この言明を相対主義的に解釈しない場合だけだからである。すべてのものを疑うという徹底した懐疑主義が、それでもデカルト（René Descartes, 1596-1650）において疑いえない「コギト」（私は考える）という一点を要請せざるをえなかったように、相対主義もそれが真なる理論であることを主張するためには、相対主義的に解釈されてはならない立脚点を必要とするのである。

このテーゼが含んでいる問題はこれだけではない。もしこれが、「ある人が何かを正しいと考えるなら、それはその人にとって正しい」という主張を含意しているとすれば、ここからは、われわれはもはや倫理的判断について誤りを犯すことはなくなるということが帰結する。フィリッパ・フットによれば、この命題が、「Aは、Xを行なうのが正しいと思っている」という命題と、「AがXを行なうのは正しい」という命題との間にいかなる区別もないと主張していると解釈されるかぎり、これはわれわれが正不正について誤りを犯す可能性を否定していることになり、このことは明らかにこの命題を偽とするであろう。[16] このような解釈は、少なくともわれわれが道徳的な意味での〈よい〉という言葉で理解している事柄ではない。この点は節を改めて考えてみよう。

第2節　神々の争い

道徳的相対主義は、必ずしもつねに道徳的なよさを個人の価値観に相対化するわけではない。むしろ、ソフィストたちにおいて実際にそうであったように、善悪の基準をそれぞれの社会に相対的なものとみなす見解のほうが有力であろう。しかも、すでに見たように、それぞれに異なった社会の価値観を比較し、その是非を判定しうる第三の基準としての「自然」という概念はあてにならない。だとすれば、そこにはヴェーバー（Max Weber, 1864-1920）の言う「神々の争い」しかなく、「いかなる仕方で行為すべきか」という問いに対して客観的に妥当する答えを与えることはできないということになるのであろうか。[17] しかし、もし仮にそうであったとしても、ヴェーバーもまた指摘しているように、どこまでは答えられるのか、どこからは答えられないのか、そしてそれはいかなる理由によってなのかということは、明らかにされるべきであろう。

ハーマンの道徳的相対主義

先に取り上げた道徳的相対主義の第三テーゼを、「人々は社会において採用されている原理に従って生きるべきである」という命題に変換してみよう。すなわち、道徳的な〈よさ〉を、それぞれの社会においてよいと認められているという意味で理解するのである。そうすると、この命題は、それぞれの社会は少なくともその基礎的な道徳的原理については誤りを犯す可能性がない、ということを含意することになる。つまり、基礎的な道徳的原理とそこから派生する道徳的判断との間には齟齬が生じることがあり、その点では誤りうるとしても、基礎的な道徳的原理そのものに対しては合理的な批判はありえないということになる。現代の哲学者では、ギルバート・ハーマンがこの見解を採用している。[18]

ハーマンによれば、道徳的判断とは、「ある人はあることをすべきである」とか「ある人があることをしたのは正しい」という形式の判断であり、行為者と行為の関係を記述し判定する判断である。これを「内的判断」と呼ぶ。これに対して、「ある人の行為は間違っていた」とか「彼の行為は不正である」という判断は、その行為や状況についてのわれわれの「評価」を表現しているのであり、こうした形式の判断において使用されている〈べし〉とか〈正しい〉という言葉は、道徳的な意味で用いられているのではない。というのも、「道徳は、人々の一集団が彼ら相互の関係について暗黙の合意に達し、あるいは無言の了解をもつに至ったときに生ずる」のであり、それゆえ「道徳的判断は……あれこれのそのような合意または了解との関係においてのみ、またそれらとの関連においてのみ、意味をもつ[19]」からである。したがって、道徳的判断を内的判断に限定するということは、ある人の行為に関して道徳的判断を下すことができるのは、「社会において合意され、行為者自身も受け入れている基礎的な道徳的原理および行為者自身の目標・欲求・意図」と、「当の行為」との間の整合性についてのみであるということを意味する。

例えば、世襲的奴隷制の伝統をもつ社会があり、そこでは奴隷たちをも含めて誰もがこの制度を受け入れ、奴隷制度を事柄の本性にかなったものであるとみなしているとしよう。ところが、この社会にはすべての人間は平等に取り扱われるべきであるという基本的な道徳的合意も成り立っている。こうした社会では、奴隷もまた人間であるということが認められるならば、奴隷所有者に対して「君は奴隷を解放すべきだ」という判断（内的判断）を正当に下すことができる。ある人間を奴隷として使用するという行為は、すべての人間を平等に取り扱うという、奴隷使用者自身も受け入れている基礎的な道徳的原理に反するからである。ところが、別の世襲的奴隷制の伝統をもつ社会では、奴隷も人間であるということは認められているが、すべての人間は平等に取り扱われるべきだという基本的な道徳的合意は存在しないとしよう。ここでは、奴隷制度と社会の基本的な道徳的合意との間に不整合は生じていないのであり、それゆえ、たとえわれわれが「すべての人間は平等に取り扱われるべきだ」という原則を是認するとしても、奴隷所有者に対して「君は奴隷を解放すべきだ」と言うことは不適切である。彼らはわれわれの基本的な合意を共有しておらず、彼らには奴隷を解放する理由（基本合意や彼ら自身の目標・欲求・意図などに基づく）がないからである。第二の社会に対しては、ただ「そのような制度は間違っている」とか「そのような社会は不正である」と、われわれ自身の原則に基づく判断（評価）を下すことができるだけである。

このように語るハーマンの一つの意図は、われわれが自分たち自身の価値観を基準にして他の文化の価値観を断罪するという傲慢さを避けることにあるように思われる。確かにわれわれは、例えば姥捨ての慣習をもつ人々に対して、「姥捨ては道徳的に間違っている、そのようなことはすべきではない」と言って実際に非難することは避けるべきかもしれない。だがそれは、ハーマンの言うように、彼らが姥捨てを禁止する道徳的原理を採用しておらず、それゆえ彼らにはその行為を差し控える理由がないからなのであろうか。それでは、そもそもなぜその行為を差し控える理由がないときに、道徳的判断が不適切になるのであろうか。それは、道徳的な帰責が意味をもたないときに、あるいは道徳的責任を帰することができないような人に、責任を問おうとするからであろう[20]。道徳的帰責とは文字どおり責任を含むのであり、「そうすべきである」という表現は、それを行なうことあるいは差し控えることに関して、当人に道徳的責任が問われうるということを含意している。ところが、姥捨ての場合、きわめて厳しい食糧事情のもとでやむをえず親を山中に捨てる人に道徳的責任を問うのは、あまりにも過酷であろう。そうしなければ、親も子も孫も一緒に死んでしまうからであり、しかもそうした判断を下す者も彼らを助けることはできない。このような場合には、確かに行為者がその行為を行なったことに関して通常の意味で道徳的責任を問うことは困難であり、その責任は免除されるべきであって、それゆえにこそ、行為者に対する「べし」判断は場違いなものとなるであろう。

しかし、道徳的責任を問うことを差し控えるということ、あるいは免責するということは、その行為が通常の場合には道徳的帰責の対象になるということをすでに含意している。それゆえ、「親を山中に捨てる人は道徳的に間違っている」という命題は、確かに、ある特定の状況で、ある特定の人に対する道徳的帰責を含意するかぎり場違いな判断となることはありえても、この命題そのものは決して奇妙な判断ではない。われわれの道徳的判断は、行為者に関してだけではなく、行為そのものの道徳的性格に関しても同様に下されうるのであり、しかもこれはありふれたことである。つまり、われわれの道徳において、道徳的判断はハーマンの言う内的判断には限定されないのである。また、道徳的判断が行為者と行為との関係の整合性を判定するという機能を有するだけであるとすれば、道徳的判断とは一種の論理的判断であることになる。例えば、一方ですべての人間は平等に取り扱われるべきだという基本的原理をもちながら、他方で奴隷制度がこの原理にかなっていると信じている人や社会があるとすれば、確かにわれわれはその信念の誤りを指摘することはできるが、しかし、その誤りはある種の論理的な誤りであって、それ自体、道徳的な誤りではないということになる。もしそうであるとすれば、そもそも道徳的判断とはいったいどのような固有性をもつのであろうか。

【例題4】　次のような論証は首尾一貫しているであろうか。特に(1)と(3)の命題において〈正しい〉という言葉がどのような意味で使われているかに注意して考えてみよう。[21]

(1)〈正しい〉とは、〈ある特定の社会にとって正しい〉を意味する。例えば、アシャンティ族にとって人身御供は正しいことであった。

(2)〈ある社会にとって正しい〉ということは、このように相対的な意味でのみ理解されるべきである。

(3)それゆえ、ある社会の人々が他の社会の価値観を非難したり、これに干渉したりするのは〈正しくない〉。われわれはアシャンティ族の人身御供に干渉すべきではない。

問いの必然性

このように、ソフィストたちが提起した道徳的相対主義はさまざまな問題を含んでいる。ソフィストたちは、ピュシスとノモスの区別に基づいて、現実に存在しているポリスの諸制度や法の妥当性を問うことを可能にした。これは確かに、「いかに行為すべきか」という問題に関する哲学的な批判精神の最初の発現として評価されるべきであろう。しかし彼らは、ピュシスとノモスという対立図式に従って思考を進めながら、結局は一切のノモス的なものの否定にとどまり、真のピュシスへの問いを発することはなかった。つまり、アテナイで正しいとされていることは何か、スパルタで正しいとされていることは何かという個別の問いを超えて、そもそも「正義とは何か」という正義の本質（ピュシス）への問いを発することはなかったのである。もっとも、ソフィストたちもまた、正義の本質を求め、それをノモスとは完全に切り離された自然（ピュシス）のうちに見いだそうとしたのではあるが、すでに見たように、このような意味での自然のうちにその根拠をもつとされた正義は、実はそれ自体、さらにその正しさの根拠を求められなければならないもう一つの慣習にすぎなかったのである。道徳的価値体系の多様性という事実は、それだけでは「それ自体としてよい行為」を可能にする普遍的・絶対的な道徳基準の存在を否定しえない。確かに、慣習や習俗が社会ごとに異なるということは否みがたい事実ではあるが、この事実にとどまって社会や個人に道徳的な〈よさ〉を相対化するのは、原理の探究を欠いているという意味で、例えば風は風の神様が吹かせ、雨は雨の神様が降らせるという説明方式に満足するのと同様なのである。

むしろ、ソフィストたちの相対主義的な問題提起を受けて、「正義とは何か」とその本質を問い[22]、いかに生きるべきかを問いはじめたのがソクラテスであったということを思い起こすならば、われわれもまた、このソクラテスの問いを引き受け、「無条件的なよさ」とは何か、「それ自体でよい行為」とはどのような行為か、ということを問いはじめなければならないであろう。

[注]

（1）J.K.Roth（ed.）, *International Encyclopedia of Ethics*, p.733.

（2）メイランド、クラウス編『相対主義の可能性』には、「認識的相対主義」と「道徳的相対主義」に関する諸論考が収められている。

（3）K.Popper, The Myth of the Framework, p.23.

（4）ポパーの相対主義的な道徳理解については第11講参照。
（5）Cf. R.B.Brandt, Introduction to Ethical Relativism, p.433. ただし、第二テーゼはこの書よりも強い形で定式化した。
（6）Cf. ibid., p.435.
（7）ヒューム「対話一篇」、二二四頁。
（8）Cf. K.R.Garrett, *Dialogues Concerning the Foundations of Ethics*, p.4.
（9）「いかに行為すべきか」という問いに直接答えようとする実質的・規範的倫理学に対して、道徳的判断や善悪の概念の本質や特徴を解明しようとする倫理学の一分野。「メタ」とは、ギリシア語で「～のあとで」を意味する。
（10）R.B.Perry, Realms of Value: A Critique of Human Civilization, p.273.
（11）ある人のAに対する関心がBに対する関心よりも強いとき、あるいはBよりもAを好むとき、その人にとってAはBよりも価値がある。また、Bがある人のただ一つの関心を満たすだけなのに対して、Aが二つ以上の関心を同時に満足させることができるならば、この場合もAはBよりも価値がある。
（12）事実判断（存在命題）だけから価値判断（当為命題）を導出するのは論理的に不当な手続きであるということ。ヒュームが "is/is not" という関係から "ought/ought not" という関係を導き出すことを正当化することはできないと指摘して以来（ヒューム『人性論』、五一〇頁以下参照）、「ヒュームの法則」などと呼ばれているが、ムーア（George E. Moore, 1873-1958）はこれに違反する推論を「自然主義的誤謬」と呼んだ（ムーア『倫理学原理』参照）。例えば、多様な道徳規範の体系が存在するという「事実」から、ただちにいかなる価値観に従っても「よい」のだという判断が下されるとすれば、それは自然主義的誤謬を犯していることになる。この問題については、次講でも取り上げる。
（13）ペリーの倫理学説に関する紹介と批判的検討に関しては、岩崎武雄『現代英米の倫理学』、八七―一一七頁参照。

(14) マンデルバウムによれば（マンデルバウム「主観的、客観的、および概念的相対主義」、六四頁参照）、確かに、ある人がなぜそのようなことを主張したかということは、彼の主張の背後にある彼自身の特定の関心や態度などを理解することによってのみ理解することができる、ということはよくある。しかし、この議論が説得力をもつのは、この議論自体を相対主義的に解釈しない場合だけなのである。

(15) 一般に、あらゆる真理を歴史に相対化する歴史主義の主張がもつこのような難点については、シュトラウス『自然権と歴史』、三〇頁以下参照。

(16) フット「道徳的相対主義」、一九六頁。

(17) ヴェーバー『職業としての学問』参照。この本でヴェーバーは、第一次大戦に敗れ、左右両陣営からの社会批判に揺れていた当時のドイツの学生たちに対して、「いかに生きるべきか」の指針を学問に求めたり、安易に指導者を求めたりしてはならず、それは自らの責任において選択しなければならない問題であると説いている。この意味では、現代のわれわれにも示唆するところが多い。

(18) ハーマン『哲学的倫理学叙説』、および「道徳的相対主義の擁護」参照。

(19) ハーマン「道徳的相対主義の擁護」、三五六頁。

(20) **R.L.Arrington, *Rationalism, Realism, and Relativism*, p.217.**

(21) ウィリアムズ「一貫性を欠く形の相対主義」、三二一頁以下参照。

(22) 一般に、「～とは何か」（*τί ἔστιν*）という仕方で問われている事柄の本質規定を探究することがソクラテスの方法であったと言われている。

第4講　功利主義の基礎

第1節　快楽主義の論理

われわれは、いかに生きるべきかという問いに関して、少なくともソクラテスの課題を引き受けるかぎり、道徳的相対主義に安住することはできない。むしろ、無条件的なよさへの問いは人間の不可避的な思考の一部を形成しているとも言えるであろう。だが、われわれはどのようにしてこの問いへと接近できるのであろうか。

かつてこの問いに答えようとしてさまざまな議論がなされてきた中で、ともに自覚的に諸規範の根拠を尋ね、その体系化を試み、しかも現代においてもなお大きな影響力をもっている二つの倫理学説がある。一つは功利主義であり、もう一つはカント倫理学である。以下の数講では、これらの理論を検討しながら、われわれの道徳的意識を反省してみよう。

エウドクソスの快楽主義

アリストテレスによれば、われわれの達成しうるあらゆる善のうち最上のものは何かということについて、たいていの人々の意見は一致している。すなわち「幸福」である。「功利主義」（Utilitarianism）とは、このわれわれ人間が誰しも欲している幸福を道徳的に正しい行為の唯一の目的として認め、この目的を実現し、少なくともそれを目指すかぎりにおいて行為に道徳的価値を認める倫理学説である。それゆえこれは、「目的論的倫理学」と呼び慣らわされ、あるいは「幸福主義」とも呼ばれることがある。だが、再びアリストテレスによれば、幸福とは何かということについては人々の意見はそれぞれに異なる。例えば、「快楽」、「富」、あるいは「名誉」などが幸福に数え入れられるが、しかし世間においてもっとも流布しているのは「快楽」を幸福とみなす見解であるという。しかも彼によれば、われわれはいかなる探究においても「われわれにとって知られうるもの」から出発しなければならない[1]。それゆえ、無条件的なよさを尋ねるわれわれの探究もまた、快楽を最高善とする学説の検討から始めることにしよう。

確かに、「快楽」という言葉には何か胡散臭いひびきがつきまとっており、自分を快楽主義者であると公言するには相当の度胸と開き直りを必要とするように思われるが、それにもかかわらず、古来より快楽を最高善であり、人生の究極目的と考えた人々は少なからず存在した。それでは、このような主張はどのような論拠に基づいていたのであろうか。古代ギリシアにおけるその代表的な形態は、アリストテレスによって紹介されたエウドクソス（Eudoxos, c.408-355B.C.）の議論のうちに見いだされる。

エウドクソスは快楽が善であると思っていた。その理由は、かれの見るところでは、ものみなは分別のあるものも分別のないものも快楽を目ざしているからである。ところで、すべてのもののなかで望ましいものは「いいもの」である。また、最も望ましいものは「最もいいもの」である。そして、万物が同じひとつのものに向って動いてゆくという事実は、これが万物にとって最善のものであるということを明示しているとかれは考えた。それぞれの事物はそのものにとって善いものを、ちょうど、自分の食物を見付けだすのと同じようにして見付けだすからである。したがって、ものみなにとって善いもの、すなわち、ものみなの目ざすものが善であるとかれは考えた。(2)

エウドクソスは数学者や天文学者として知られた人であったが、アリストテレスによれば、このように快楽を最高善と主張したにもかかわらず、彼自身はきわめて抑制の利いた人であり節制に努めた人であったので、この議論もたんなる快楽好きの人の議論ではなく、本当にそのとおりなのだろうと人々に信用されたということである。

ベンサムの快楽主義

近代において、快楽を究極目的とする学説を「功利性の原理」の名のもとではじめて体系的に仕上げたのはベンサム（Jeremy Bentham, 1748-1832）であるが、その論拠はこのエウドクソスの議論ときわめて類似していた。彼の主著である『道徳および立法の諸原理序説』の冒頭には次のように記されている。

自然は人類を苦痛と快楽という、二人の主権者の支配のもとにおいてきた。われわれが何をしなければならないかということを指示し、またわれわれが何をするであろうかということを決定するのは、ただ苦痛と快楽だけである。一方においては善悪の基準が、他方においては原因と結果の連鎖が、この二つの玉座につながれている。苦痛と快楽とは、われわれのするすべてのこと、われわれの言うすべてのこと、われわれの考えるすべてのことについて、われわれを支配しているのであって、このような従属をはらいのけようとどんなに努力しても、その努力はこのような従属を証明し、確認するのに役だつだけであろう。ある人は、ことばのうえではこのような帝国を放棄したように見せかけるかもしれないが、実際上は依然としてその帝国に従属し続けている。功利性の原理はそのような従属を承認して、そのような従属をその思想体系の基礎と考えるのである。そして、その思想体系の目的は、理性と法律の手段によって、幸福の構造を生みだすことである。(3)

すなわち、人間は「快楽の追求」ないし「苦痛の回避」という行動原理によって支配されており、これが人間の本性であるかぎり、これ以外のところに善悪の基準を求めることはできない、ということである。ここには、エウドクソスと同じ人間観が見られる。こうした人間本性の理解に基づく快楽主義の議論は、エウドクソスに即して次のように整理することができよう。

〔大前提〕 すべてのものがもっとも欲求するものは、最高善である。
〔小前提〕 快楽は、すべてのものがもっとも欲求するものである。
〔結　論〕 快楽は最高善である。

この推論は妥当な三段論法の形式を有しており、それゆえ、もし前提命題の内容が正しければ、その結論もまた妥当なものとして受け入れざるをえないであろう。快楽という言葉の胡散臭さに惑わされずに、この主張を検討してみよう。

まず、「すべてのものがもっとも欲求するものは、最高善である」という大前提に関してであるが、アリストテレスは、この命題に対する可能な反対論、すなわち、「すべてのものが欲求するものだからといって、それが善であるとはかぎらない」という議論は意味をなさないと言う。なぜなら、「すべてのものにそう思われるものは、そのようなものとして存在する」と認めざるをえないからである。(4) アリストテレスはすでに『ニコマコス倫理学』の冒頭において、いかなる技術、いかなる研究、いかなる実践や選択も、すべてなんらかの善を追求しているのであり、それゆえ少なくとも「人間の善」の探究において、欲求の対象は善であり、すべてのものが欲求するものは最高善であると言わざるをえない、と述べていた。(5) ある人が何かを欲求するのは、少なくともそのとき、その人にとってそれがよいからにほかならない。もちろん、そのよさは相対的であって、他の観点からすれば悪いものであるかもしれない。例えば、あとで虫歯が痛むことがわかっていながら、甘いケーキを欲するというような場合がそうである。だがこのときでも、われわれは、決して虫歯の痛みという悪それ自体を欲求しているのではなく、あくまでもケーキの甘さを欲求しているのであり、そのかぎりで欲求された対象であるケーキは確かによいものである。また喫煙の習慣は寿命を縮めるということを知りながらそれを欲求する人も、肺癌という悪それ自体を欲求しているのではなく、心のやすらぎとかストレスからの解放といったよきものを欲求しているはずである。そもそもタバコが悪いと語られるのも、健康で長生きをしたいという欲求との関連においてのみである。こうした欲求との関連なしに善悪を規定することは無意味であるというのが、エウドクソスの議論を高く評価するアリストテレスの基本的認識であった[6]。

それでは、「快楽は、すべてのものがもっとも欲求するものである」という小前提の命題に関してはどうであろうか。これに対する可能的反論としては、必ずしもつねにすべての人が快楽を追求しているわけではないという事実、つまり「禁欲」という事実がもちだされるかもしれない。しかしベンサムによれば、禁欲主義なるものは、「せっかちにものを考える人の幻想[7]」にすぎない。一見快楽を忌避しているように見える人でも、本当に求めているのは、苦痛そのものではなく、その苦痛を通過したあとに得られる他の快楽なのである。例えば、飲酒や喫煙という瞬間的快楽を回避する人は、健康というより持続的な快楽を追求しているのであり、厳しい食事制限やトレーニングに耐えるボクサーは、勝利の快感を夢見ているのであろう。一切の地上的欲望を断ち切ったかに見える修道僧も、宗教的至福を求めているのではある[8]。

このようにして、人間の自然的本性が快楽の追求と苦痛の回避にあり、快楽こそが最高善であるという主張は擁護されうるように見える。しかも、それはまた次のような論点によっても補強されうる。つまり、アリストテレスにとって、最高善とはわれわれの行為連鎖の究極目的であり、もはや他のものを実現するための手段とはなりえないものであったが、快楽とはまさにこのようなものであり、あることを行なうのは快楽のためであっても、さらに何のために快楽を求めるのかという問いは成立しないであろう。この意味で、確かに快楽は最高善の資格を有しているのである[9]。

第2節　功利性の原理

最大幸福原理

快楽の追求と苦痛の回避という人間の自然的本性を基礎にした善悪の基準、すなわち「功利性の原理」は、ベンサムにおいて次のように定式化されている。

功利性の原理とは、その利益が問題になっている人々の幸福を、増大させるように見えるか、それとも減少させるように見えるかの傾向によって、……すべての行為を是認し、または否認する原理を意味する[10]。

このベンサムのあとを継いで功利主義の洗練に努めたのはミル（John Stuart Mill, 1806-73）であるが、彼においてはこの原理は次のように表現されている。

「功利」または「最大幸福の原理」を道徳的行為の基礎として受けいれる信条にしたがえば、行為は、幸福を増す程度に比例して正しく、幸福の逆を生む程度に比例して誤っている。幸福とは快楽を、そして苦痛の不在を意味し、不幸とは苦痛を、そして快楽の喪失を意味する[11]。

快楽原理・効用原理

このように、ベンサムやミルの功利主義は幸福の実質を快楽のうちに認め、この快楽の増大を道徳的行為の目的とする。功利性の原理とは、快楽を究極目的とし、その快楽の実現に対してどのような効用（utility）をもつかによって行為の道徳的価値を測る原理である。だが、このようなあからさまな快楽の称賛に対しては、古来より人間を動物並みにみる下品な学説であるという非難が絶えなかった。快楽を目的とするような人生観は「豚向きの学説」であるというこの非難に対して、功利主義者はどのように答えるのであろうか。

確かにベンサムに関しては、もちろん彼は、幸福がいわゆる肉体的快楽だけから構成されていると考えていたわけではないにしても、たんにさまざまな種類の快楽を羅列し、その総量の増大のみを問題にする傾向が顕著であると言えるであろう。そのかぎりで、快楽の質の区別はほとんど問題にならない。しかしミルは、「満足した豚であるより、不満足な人間であるほうがよく、満足した馬鹿であるより不満足なソクラテスであるほうがよい[12]」という有名な言葉が示すように、肉体的快楽と精神的快楽との間にはっきりとした質の区別を設け、後者のほうがより望ましい快楽であることを認める。なぜなら、肉体的快楽と精神的快楽の両方を知り、両方を享受できる人々ならば、より高級な能力である精神を使うような生活を選び取ることは疑いのない事実であって、「二つの快楽のうち、両方を経験した人が全部またはほぼ全部、道徳的義務感と関係なく決然と選ぶほうが、より望ましい快楽である[13]」からである。もちろん、われわれの経験が示すように、人間はその性格の弱さから、価値が低いとわかっていても、手近の善を選んでしまうということはよくある。健康がより望ましい価値であることはわかっていても、ついタバコに手を出してしまうというようなことである。しかし、このような人でも、たとえタバコに対する欲求がいかに強く、それゆえ喫煙から得られる快楽がいかに強くとも、種類の点では健康のほうが望ましいということは認めざるをえないであろう。このようにミルは言う。

社会原理・結果原理

それでは、このように質的に高低の区別が認められた快楽のうち、もっとも望ましい快楽とはどのような快楽であろうか。ミルによれば、それは「他人の幸福」の増大を喜ぶという精神の高貴さのうちに見いだされる快楽である。(14) というのも、功利主義にとって問題なのはあくまでも「幸福の総計の最大量」なのであり、それゆえ、この目的に仕える精神の高貴さこそはもっとも望ましいものと言わざるをえないからである。例えば、確かにわれわれは自分の幸福を放棄する自己犠牲を称賛することがあるが、しかしそれは、そのような行為によって他人が犠牲になるのを防ぎ、他人の幸福を増大させることができる場合にかぎられる。決して犠牲それ自体が善なのではなく、その行為によって自分の幸福は失われるにしても、それにまさる他人の善が生み出され、幸福の総計がより増大するからこそ、そのような行為は善なのである。ベンサムは禁欲主義をありえないものとしたが、ミルにとっては、それはありうるとしても価値のないものである。つまり、功利性の原理においては、行為が道徳的価値をもつのは、それが幸福（快楽）の総量をできるだけ増大させるのに役立つかぎりにおいてにほかならない。

このように、功利主義は確かに幸福（快楽）を行為の善悪の判断基準とするのではあるが、しかしそれは、たんに自己幸福を図るだけの利己主義ではなく、無条件に他者の幸福への奉仕を求める利他主義でもない。ミルによれば、「功利主義が正しい行為の基準とするのは、行為者個人の幸福ではなく、関係者全部の幸福なのである。自分の幸福か他人の幸福かを選ぶときに功利主義が行為者に要求するのは、利害関係をもたない善意の第三者のように厳正中立であれ、ということである」[15]。つまり功利主義は、何をなすべきかを決定する際には、「公平な観察者」の立場に立って社会全体の幸福の実現を目指すべきことをわれわれに要求しているのである。この意味で、功利性の原理には社会正義の実現への要求が含まれていると言えよう。

しかし、このような主張に対しては次のような反論もあろう。すなわち、われわれが行為する際にはつねに社会全体の幸福の増大を目指すべきだというこの要求は、人間の本性から見て厳しすぎるということである。だがミルによれば、この非難は、道徳の基準というものを誤解し、行為の規則と動機とを取り違えているという。功利性の原理とは、「何をなすべきか」というわれわれの義務を知るための手続きを示しているのであり、道徳の基準の役割もまたここにある。例えば、状況によっては、自分の幸福を犠牲にしても他人の困窮を救わなければならない場合があるだろう。われわれはこれを、功利性の原理という基準に基づいて、義務として認識することができる。だが、この原理は、行為が義務感という動機から行なわれなければならないということまでをも要求しているのではない。身の危険をも顧みず溺れている同胞を救う者は、その行為が功利性の原理の要求にかなっているかぎり、道徳的に正しいことをしているのであって、その動機が義務から出ていようと、報酬目当てであろうと、その行為の善悪には無関係なのである。われわれの能力は限られており、社会全体の利益の増進に責任をもつような立場にあるとき以外は、自分の周りのごく少数の人々の利益や幸福を考えておけば十分なのだ、とミルは言う。[16]

「功利性の原理」とは、まず第一に、行為の道徳的価値を動機においてではなく、その結果によって判定する「結果原理」である。この結果の判定基準は、幸福（快楽）の充足に対する効用（utility）のうちにある。つまり「快楽原理」であり「効用原理」である。さらにこの原理には、ここで目指されている幸福とは特定の個人や集団ではなく、行為に関係する者すべての幸福であるという「社会原理」もまた含まれている。[17] ここから、「最大多数の最大幸福」というよく知られた言葉が功利主義のスローガンとして理解されることになるのである。[18]

ところで、われわれは第1講において、〈よい〉という言葉の意味を、「役に立つ」とか「快い」という相対的な意味と、「それ自体においてよい」という絶対的な意味とに区分し、ソクラテスによってわれわれに与えられた課題は、後者の意味での善の探究であると述べた。ところが、功利主義が採用する効用原理は、行為がなんらかの目的を実現するのに「役に立つ」というところに道徳的価値を認めるのであり、それゆえ、はじめから無条件的な善の探究という課題に応えるものではないと考えられるかもしれない。確かにこれは、道徳理論としての功利主義にとって、もっとも基礎的な問題である。ただし、功利主義は「全体の幸福」を究極目的として「それ自体としてよい」と認める学説であり、もしこれが真に道徳的な究極目的としての資格をもつならば、それに対する効用をもって道徳的価値とみなすことも許されるであろう。それゆえこの問題は、功利主義に関する検討が終了するまで留保しておくことにしよう。

【例題5】 ミルは、ある特別な事情のもとでは、人の命を救うために、必要な食物や薬品を盗んだり、免許をもつただ一人の開業医を誘拐したり、無理やりに診療させたりすることが、功利性の原理によって許されるかもしれないばかりか、むしろ義務であるかもしれない、と言う[19]。それでは、功利性の原理が上の四つの部分原理から構成されているということを考慮したうえで、どのような事情のもとでならばこうしたことが義務であると考えられるであろうか。

自然主義的誤謬と合成の虚偽

功利主義者の主張は、われわれ人間は誰もが幸福を願っているという否定しがたい事実に基礎を置いている。しかもそれは、たんに行為者個人の幸福だけではなく、社会全体の幸福を目指すべきことを説き、「公平な観察者」の視点を要請するという点でも、われわれの道徳意識を満足させうるように思われる。しかし、それでもわれわれは、こうした「功利性の原理」の基礎づけがはたして正当なのかどうかということは問わなければならない。なぜなら、いかに行為すべきかという問いが、いかなる規則に従うべきかという問いであるかぎり、われわれが求めているのは、たんになんらかの規則に従うということではなく、それ自体正しい規則に従うことだからである。

さて、「快楽（幸福）が善である」という命題は、ほとんどの快楽主義者ないし功利主義者において、快楽（幸福）が人々によって欲求されているという「事実」のうちに根拠づけられている。エウドクソスとベンサムについてはすでに述べたが、ほかにも例えば古代ギリシアの哲学者エピクロス（Epikouros, c.342/1-271/0 B.C.）に関しては、次のように報告されている。つまり、「エピクロスは、快楽が（人生の）目的であることの証拠として、生きものは生まれるとすぐに快楽に喜びを感ずるが、労苦（苦痛）に対しては、本性的に、そして理屈抜きで反発するのだという事実をあげている[20]」ということである。

ミルもまた、「最大多数の最大幸福」が善であるということを、同様の仕方で根拠づけようとしている。すなわち、「何かが望ましいことを示す証拠は、人々が実際にそれを望んでいるということしかないと、私は思う。……なぜ全体の幸福が望ましいかについては、達成できると信じているかぎり、事実、だれもが自分自身の幸福を望んでいるという以外に、理由をあげられない[21]」とミルは言う。だがこの証明は、ムーアが「自然主義的誤謬」を犯していると批判して以来[22]、つねに疑わしいものとみなされてきた。ミルは、「何かが望ましい（desirable）」という価値命題を、「人々がそれを望んでいる（desire）」という自然の事実ないし心理的な事実に関する命題に基礎づけているが、しかし、このように事実判断から価値判断を直接導出するのは論理的に不当な手続きだというのである[23]。確かに、「すべてのドライバーは交通法規を破ったことがある」という事実がいかに否定しがたいものであっても、そこから「交通法規は破ってもよい」という結論が導き出されうるわけではないであろう。この意味で、「自然主義的誤謬」は確かに一つの論理的な誤謬ではある。ただし、この批判は功利主義にとって必ずしも致命的なものではない。なぜなら、ミルの推論の前提に、「人々の望んでいるものは善である」という価値命題を付け加えるならば、それはまさにエウドクソスの議論と同様に、次のような論理的には妥当な推論となるからである[24]。

〔大前提〕　すべての人の望んでいるものは善である。
〔小前提〕　すべての人は幸福を望んでいる。
〔結　論〕　ゆえに、幸福は善である（望ましい）。

しかし、それでも問題は残る。というのも、ミルの推論における結論は、たんに「幸福は善である」というのではなく、「全体の幸福は善である」というものだからである。この結論は、はたしてミルの諸前提から帰結するのであろうか。

右の推論において、たんに「幸福は望ましい」というのではなく「〈全体の幸福〉は望ましい」という結論を得るためには、小前提は「すべての人は〈全体の幸福〉を望んでいる」という命題でなければならない。だがミルが与えているのは、「すべての人は自分自身の幸福を望んでいる」という事実だけである。もしここから、「全体の幸福は望ましい」という結論を得るために必要な命題、つまり「すべての人は全体の幸福を望んでいる」という命題に移行するならば、これは「合成の虚偽」という論理的誤謬を犯すことになる。[25] すなわち、個々のものに関しては真であるとしても、それを合成したものに関しては偽になるという誤謬である。しかも、「すべての人が全体の幸福を望んでいる」という命題は、明らかにわれわれの経験的事実に反する。「すべての親はわが子の幸福を望んでいる」としても、「すべての親はすべての子供の幸福を望んでいる」わけではないからである。それゆえ、「全体の幸福が望ましい（善である）」という功利主義の基本テーゼは、功利主義の議論の枠内においても十分に基礎づけられているとは言えない。[26] ミルの推論を要約しておこう。

各人は自分自身の幸福を望んでいる　──→　自分自身の幸福は望ましい

↓〈合成の虚偽〉　　　〈自然主義的誤謬〉

すべての人は全体の幸福を望んでいる　──→　全体の幸福は望ましい

しかし、このような論理的な意味での基礎づけの問題点は、功利性の原理そのものの誤りを証明するわけではない。実際、たとえ十分に基礎づけられてはいないとしても、「全体の幸福は望ましい」というテーゼは直観的な正しさをもっているように思われる。われわれの常識においても、自分自身の幸福を図るエゴイストよりは、人々の幸福のために行為する人のほうが、はるかに道徳的にすぐれているとみなされているのではないだろうか。そこでわれわれは、次講において功利性の原理の実質的な内容を検討することにしよう。

【例題6】　われわれが行為を道徳的に評価する際には、つねになんらかの理由（根拠）に基づいているはずである。例えば、なぜ困っている人を助けなければならないのかと問われるならば、「現に困っている人がいる」という〈事実〉、「私は彼が好きだから」という〈感情〉、「そうしなければ彼が苦しむことになる」という〈結果〉、「困っている人を助けるのは人の道である」という〈道徳規準〉、「父からそうしなさいと教えられた」という〈権威〉、あるいは「私の良心がそう命じる」という〈良心〉

などがもちだされうる。それでは、以下の対話において、それぞれの主張の理由（根拠）は何であろうか。またこれらの理由はすべて、功利主義が主張するように「全体の幸福」という理由に帰着するであろうか。あるいは、それぞれの理由は、もはやそれ以上遡ってその正当化の理由を尋ねることのできない最終根拠とみなすことができるであろうか。[27]

A　私は戦争に加担するのに反対する者であって、武器を手にして、いざというときに他人をそれで威嚇したり、ましてや殺したりするのは私の良心に反する。それに加え、喜んで兵役を果たす人々、あるいは少なくとも軍事教練を課せられることは何でもない人々がいるのだから、それで十分ではないか。

B　すべての人がもし君のように考えるとしたなら、われわれは敵の攻撃に際し、いかに身を守ることができようか。われわれがすべて殺されることを君は本気で望むことができるのか。

A　もしすべての人が私のように行為するならば、もはやいかなる戦争も起こらないだろう。世界のすべての人と平和に暮らすのがどんなに素晴らしいことか想像してごらんなさい。

B　それはたんなるユートピアである。君には祖国を全力で守り防衛する義務がある。プラトンとアリストテレスも、勇敢であることは一つの徳であると言っている。

A　私はキリスト教徒として、敵を愛するのを自分の義務と心得ているし、敵に対して進んで武器を取ることで、相手を挑発したりはしない。

［注］

（1）アリストテレス『ニコマコス倫理学』I,4,1095b、八頁。
（2）同書X,2,1172b、三二三頁以下。
（3）J・ベンサム『道徳および立法の諸原理序説』、八一頁以下。
（4）これは、一見そう見えるかもしれないが、プロタゴラス的な相対主義の思想ではない。この点については第6講参照。
（5）アリストテレス、前掲書I,1-2,1094a-b、三頁以下。
（6）ただし、アリストテレス自身は、「人間にとっての善」としての最高善を「快楽」のうちに求めるのではなく、「分別にかなった魂の活動」のうちに認める（同書I,7,1098a、一九頁参照）。またアリストテレスの快楽論に関しては、岩田靖夫『アリストテレスの倫理思想』第9章参照。
（7）ベンサム、前掲書、九四頁。
（8）同書、八九頁の「注」参照。
（9）岩田、前掲書、三六六頁参照。
（10）ベンサム、前掲書、八二頁。ベンサムはのちに「功利性の原理」を「最大幸福原理」ないし「至福の原理」と言い換え、「その利益が問題となっているすべての人々の最大幸福を、人間の行為の、すなわちあらゆる状況のもとにおける人間の行為と、特殊な場合には権力を行使する一人または一組の官吏の行為の、唯一の正しく適切で、普遍的に望ましい目的であると主張する原理」と再定式化している（同書、八二頁の「注」参照）。
（11）ミル『功利主義論』、四六七頁。
（12）同書、四七〇頁。
（13）同書、四六九頁。
（14）同書、四七二頁参照。

（15）同書、四七八頁。
（16）同書、四七九頁以下参照。
（17）O.Höffe（Hrsg.）, *Lexikon der Ethik*, 'Utilitarismus'.
（18）「最大多数のための最大幸福を生み出すような行為が最善である」という言葉は、ベンサムの著作に六〇年ほど先立つハチスン（Francis Hutcheson, 1694-1746）の『美と徳の観念の起原』（一六〇頁参照）の中に最初に見いだされる。ハチスンはシャフツベリー（Shaftesbury, 1671-1713）などとともに、道徳的判断を「道徳感覚」という特殊な感覚に依存するものとして説明する「道徳感覚学派」の代表者であるが、「最大多数の最大幸福」を最高善とする点では功利主義の先行思想とみなすことができる。
（19）ミル、前掲書、五七二頁以下参照。
（20）ディオゲネス・ラエルティオス『ギリシア哲学者列伝』下、三一〇頁以下。
（21）ミル、前掲書、四九七頁。
（22）ムーア『倫理学原理』、八三頁以下参照。
（23）このような推論が「自然主義的」誤謬と呼ばれるのは、広い意味での「自然」のうちに「価値」を基礎づけようとするからである。第3講の注（12）参照。
（24）小泉仰『ミルの世界』、一七〇頁以下参照。この本は、ミルの生涯と思想に関する適切な紹介となっている。
（25）マッキー『倫理学』、二〇四頁以下参照。
（26）小泉（前掲書、一七四頁以下）によれば、この誤謬は次のようにして回避できるという。つまり、自分の幸福を社会全体の幸福という観点で捉える「公共的人間」においてならば両者が一致するがゆえに、「各人は公共人として自分の幸福を望んでいる」から「全体の人々は公共人として全体の幸福を望んでいる」へと矛盾なく移行できる、というわけである。しかし、先に見たように、公平な観察者の立場に立つことはすでに一つの道徳的な要求なのであり、決して経験的な事実ではない。それゆえ、この試みは成功していない。
（27）ピーパー『倫理学入門』、一七一頁以下参照。

第5講　功利主義の諸問題

第1節　行為功利主義と規則功利主義

行為功利主義

功利主義は、全体の幸福の実現という目的に対する効用に従って、行為の道徳的価値を判定する。このように、行為の結果を道徳的判断の対象とする立場は、通常「結果倫理」あるいは「帰結主義」と呼ばれる。前講で見たように、ミルは、水中で溺れている人を助け上げる者は、その動機が何であろうと道徳的に正しいことをしていると言う。なぜなら、その行為によって確かに溺れかけた人や家族の幸福は減少を免れたからであり、この結果は功利性の原理の要求を満たしているからである。このようにミルが、「動機は行為者の価値を大きく左右するものの、行為の道徳性（善悪）とは無関係である[1]」と力説する真意は、おそらく、行為の道徳的判断に際しては、行為者に対する評価と行為に対する評価とを分離し、どのような人がそれを行なったかということではなく、まさに行なわれた行為そのものを対象にしなければならない、ということであろう。確かに、かつてどんなに悪逆非道な人間であったとしても、あるとき自らの危険をも顧みず、水中で溺れている人を助け上げたとすれば、その行為はそれとして評価されなければならない[2]。ある人がよい性格をしているということ（つまり、どんな人であるかということ）を証明するのはよい行為（何をしたか）であってその逆ではない、というミルの指摘は正当であろう。しかし、にもかかわらず、この結果倫理の立場からは、われわれの日常的な道徳的意識からしてどうしても受け入れがたい帰結が生じてくるように見える。

【例題7】 戦争責任に関して、「私の夫（父親、兄弟など）が行なったことだから、それを間違っていたと認めるのは忍びない」という主旨の議論がなされることがある。家庭において「よき父親」である者が必ずしも「よき官僚」であったり「よき経営者」であったりするわけではないということをも考慮に入れて、この議論の性格を考えてみよう。

【例題8】 列車に爆弾が仕掛けられた。しかし、ある男がその爆弾の入ったスーツケースを盗んで列車を降りたために、列車は爆破されずにすみ、乗客は全員無事であった。また、盗んだ男も爆弾が入っていることを知って騒いだため、警官が駆けつけて、結局、爆破する前に処理された[3]。つまり、結果的には、この男の行為によって多数の乗客の命が助かったのである。それでは、この男は置き引き犯であるにしても、彼の行為は正しかったと言うべきであろうか。それとも、水中で溺れている人を助け上げた人は、少なくともどのような結果になるかを予測していたのに対して、この男はスーツケースを盗むことが乗客を助けることになるとは知らないで行なったのだから、事情は同じではないと言うべきであろうか。

【例題9】 AとBの乗った船が難破し、孤島に流れついた。怪我をして死期を悟ったAはBに財産を託し、それを自分の甥に贈ってくれるよう依頼して息をひきとった。やがて救助されたBはその甥を捜し当てたが、彼がギャンブルに溺れた遊び人であることを知り、遺産を社会福祉事業に寄付することにした。そのほうが誠実に人生を送ったAの遺産にふさわしい使い道だと考えたからである。ここではBは、そうすることがどのような結果になるかをよく知っている。もちろん、Aは亡くなっており、約束を破ったとしてもAに迷惑をかけることなどない。またその甥にしても、自分に金持ちの伯父がいることなど知らなかったのである。そうだとすれば、Bの行為は道徳的に正しいとみなしうるのであろうか(4)。

この「例題9」のような場合に、「約束を破って社会福祉事業に寄付する」という行為を肯定する立場は「行為功利主義」（act utilitarianism）と呼ばれる。ここでは、「個別的・具体的な行為とそこから現実に生じる結果」が道徳的判断の対象となる。しかし、このように具体的な個々の行為の結果にのみ考察を集中させることは、あまりにも極端な結論を導くという理由で同じ功利主義者からも非難されてきた。

この問題にはすでにミルも気づいていた。ミルによれば、確かに一時の苦し紛れや当座しのぎのために嘘をつくことは往々にして「便宜」(convenient)であるかもしれない。しかし、嘘は人間の言葉への信頼を失わせる。だが、この言葉への信頼こそは、社会の福祉全体を支える大黒柱なのであり、この信頼が失われるならば、文明の進歩は妨げられ、結局は人間の幸福が阻害されるであろう。それゆえ、目先の利益に目がくらんで「嘘をついてはならない」という規則を破るのは、結局、便宜にはならない。このようにミルは言う[5]。ミルによれば、社会全体の幸福に対してどのような行為がどのような影響を及ぼすかについては、われわれの知らないことが多くある。だが、人類は多くの経験を重ねてきたのである。そこで、たいていの場合は、個々の行為を直接功利性の原理という「第一原理」から導出するのではなく、経験の積み重ねから得られた道徳の規則(「嘘をついてはならない」とか「約束を破ってはならない」というような)に従わせるべきなのである。すなわち、「行為は道徳の規則に従って、道徳の規則は功利性の原理に従って」判断されなければならない。

このような考え方が「規則功利主義」(rule utilitarianism)と呼ばれる。例えば、「約束は守らなければならない」という規則に関して言えば、確かに「例題9」の場合のように、個々の具体的な行為については、この規則を遵守したときよりも、それに従わなかったときのほうがより大きな幸福がもたらされるということは確かにあるだろう。しかし、これらの規則は、これらが一般的に遵守されたときのほうが、そうでない場合よりも、社会全体に対してより多くの幸福をもたらす規則であり、そのかぎりで、ある例外的な場合にはこの規則に従わないほうがより大きな利益をもたらすとしても、その行為は道徳的に間違っていると判断されるのである。ここでは、個々の具体的な行為とその現実的な結果が問題なのではなく、「行為型とその一般的帰結」が道徳的判断の対象となる。[6]「約束を破る」という行為の型は、一般には約束をした相手に損害をもたらし、ひいては人間の言葉への信用を失墜させることによって社会全体に損害をもたらすという結果をもつ。それゆえ、たとえある個別的行為から偶然にも幸福の増大という結果が生じたとしても、それが一般に幸福の減少という結果をもつ行為型に属するかぎり、道徳的に正当化されることはできない。規則功利主義者にとって、道徳的規則とは、「普遍的に遵守されたとき、最大多数の最大幸福を促進させる規則[7]」であるということになる。

このように見てくると、確かに「行為功利主義」よりは「規則功利主義」のほうが、われわれの道徳的常識にとっては受け入れやすいように見える。だが、この立場にも問題は残る。それは「道徳規則」という概念にかかわる問題である。

ミルにとってそうであったように、功利主義においてわれわれの行為を導く「道徳規則」はすべて「経験則」（rule of thumb）とみなされており、これは規則功利主義者にとっても同様である。なぜなら、ある規則が道徳規則として妥当するか否かは、その規則が一般に受け入れられたときにできるだけ多くの幸福を社会にもたらすか否かによって決定されるが、このことは経験的にのみ確認されうることだからである。そして、ある規則を一般的に受容したときにいかなる帰結がもたらされるかは、その規則の個別的受容が個々にどのような帰結をもつかということから帰納される以外にはない。だが、ある規則の個別的遵守の結果を考慮するということは、まさに「行為功利主義」の要求する手続きにほかならない。つまり規則功利主義も、実際には、行為功利主義的な手続きを根底に置かざるをえないということである。したがって、道徳規則の妥当性が経験によってのみ保証されるかぎり、そこにはつねに例外が許容される可能性が存しているのであり、ここにおいて行為功利主義は規則功利主義に対して、功利主義としての正当性を主張しつづけることができるであろう[8]。

【例題10】 次の二つの議論は、同一の問題に関して行為功利主義と規則功利主義が正反対の結論を導く例である。それぞれの議論を検討してみよう。

《行為功利主義に基づく積極的安楽死肯定論》 ある状況においては、「死ぬがままに放置する」という消極的安楽死のほうが、「殺す」という積極的安楽死よりも残酷な場合がある。例えば、不治の喉頭癌に冒された患者がいて、もはやいかなる手段によっても緩和されえなくなってしまった痛みに耐えている。現在の治療を続けていても、あと数日のうちには死んでしまうであろう。患者はこの耐えがたい苦痛のゆえに、残された日々を生きることをもはや望んではおらず、家族も同じ思いである。しかし、もしたんに治療を控えるだけならば、致死量の鎮痛剤を与える場合よりも、その患者の苦痛は長引き、患者はもっと苦しむことになる。このような場合には、積極的安楽死は望ましいものとなる[9]。

《規則功利主義に基づく積極的安楽死否定論》 こうした状況においては、どのような規則の受容が社会にとって最大の効用価値をもたらすかが問題である。もし「積極的安楽死を許容しない規則」を受容するならば、上の例のような少数の患者が苦痛のうちに数日間を過ごさなければならないという有害な結果が考えられる。他方、「積極的安楽死を許容する規則」をいったん受け入れるならば、しだいにその適用範囲が拡大され、欠損新生児を殺すことが日常化したり、致死量の鎮痛剤を打つことに対する医師の警戒心が麻痺したりするという有害な結果が考えられる。後者の規則を受け入れた結果は、前者の規則を受け入れた結果よりもはるかに有害である。それゆえ後者の規則に従った行為、すなわち積極的安楽死はいかなる場合にも認められない。(10)

第2節　全体の幸福と正義

手段と目的

全体の幸福を究極目的とし、それを実現する行為に道徳的価値を認める功利主義的な行為の正当化理論は、一般に「目的は手段を正当化する」(finis sanctificat media) という標語で言い表わされる。(11) つまり、功利主義は、幸福や快楽に関する比較考量が可能であるという前提のもとで、「目的の実現において獲得される価値」(全体の幸福) が「手段の遂行において失われる価値」(幸福) よりも大きい場合に、その手段としての行為に道徳的価値を認めるのである。実際ベンサムによれば、ある行為から生じる快楽を、⑴強度、⑵持続性、⑶確実性、⑷遠近性、⑸多産性、⑹純粋性、⑺範囲、の各要素にわたって計算し比較することによって、いかなる行為を選択すべきかが指示されうるのである。(12) しかし、この快楽計算には次のような問題がある。

第一に、確かに、比較される行為が、したがってそこから生じる快楽が同種的である場合には (例えば、蒸し暑い夏の夕方の風呂上がりに、冷えたビールを飲むことと、生ぬるい水を飲むこと)、いずれの行為がより大きな快楽をもたらすかを——たとえ厳密にではなくても——判定することはできるであろう。だが、異種的な行為の間でも(例えば、ビールを飲むことと音楽を聴くこと)、このような比較を行なうことはできるであろうか。少なくとも、そこからもたらされる快楽を数値化し客観的に比較考量することは不可能であろう。

第二に、快楽計算において、各要素間の比較を行なうべき客観的基準が存在しないという問題がある。例えば、行為Aは強度1の快楽を期間3だけもたらし、行為Bは強度3の快楽を期間1だけもたらすとしよう。このとき、いずれの行為を選択すべきかを決定するためには、まず強度と持続性の間でどちらをどれだけ重視すべきかが定められなければならないが、この決定自体はもはや快楽計算に基づいては行なわれえない。しかし、まさにこの問題が、例えば自然保護か開発かという論争においてつねに論議を呼ぶところなのである。このように、目的の実現において獲得される価値と手段の遂行において失われる価値との比較考量が無条件に客観的ではありえないとすれば、たとえ「全体の幸福」が道徳的に是認されうる目的であるとしても、現実に遂行された行為が正当化されうるか否かという判断の客観性までもが、これによって保証されることにはならないのである。

【例題11】 社会的不正義が合法的手段によって即座に矯正されえないときには、テロという手段が使用されることがある。これを正当化するときにもちだされるのはつねに、現在および将来において権力者によって犯される暴力とテロという暴力との害悪の比較であり、より少ない害悪を選ぶという論点である。それでは、もしガンディーの「戦闘的非暴力主義」が何の成果も上げられずに終わっていたならば、彼の行為は道徳的に誤っていたことになるのであろうか。[13]

「全体の幸福」という概念

ところで、前講においてわれわれは、「全体の幸福は望ましい」という功利主義の基本テーゼは、ミルの議論において十分に基礎づけられていないとしても、その内容それ自体は直観的な正しさをもっているように思われる、と述べておいた。もし「全体の幸福」という概念が、その実現を目指す行為を道徳的に正当化する資格をもった目的であるとすれば、たとえ快楽計算が厳密には遂行不可能だとしても、それは決して功利性の原理の根本的な欠陥を意味するものではなく、われわれはつねに「全体の幸福」を目指して計算を繰り返しながら前進せざるをえず、そのこと自体が道徳的に正当であるということになるであろう。それでは、「全体の幸福」とはどのような概念なのであろうか。

すでに見たように、ミルの議論において「幸福が望ましい」とされるのは、人々が実際に幸福を望んでいるからであり、「各人は自分自身の幸福を望んでいる、ゆえに彼の幸福は彼自身にとって望ましい」というのがミルの推論の基本形であった。それゆえ、「全体の幸福が望ましい」という帰結を得るためには、「すべての人が全体の幸福を望んでいる」という前提が必要であるが、これが経験的事実に反することはいまは問わない。問題は、この命題が有意味であるとして、「すべての人」という何か抽象的な集合体がはたして幸福を欲求したり感受したりする実在する主体でありうるか否かということである。おそらく、文字どおりの意味ではそうではない。というのも、幸福を欲求し感受する主体は、あくまでも個人を措いてほかにはないからである。もちろんわれわれは、日常、こうした諸個人の集合体に関しても、その利益や幸福について語ることがある。例えば、日本全体の利益、発展途上国の人々の福祉、アメリカの権益、アラブの大義などについて語られる。それでは、これらの概念に関して功利主義者はどのように理解しているのであろうか。

ベンサムによれば、社会とは、「いわばその成員を構成すると考えられる個々の人々から形成される、擬制的な団体（a fictitious body）」であり、それゆえ社会の利益とは、「社会を構成している個々の成員の利益の総計[14]」にほかならない。つまり、ある行為が社会の利益すなわち全体の幸福を増大させるということは、きわめて単純化して言えば、その行為によって利益を得る成員と不利益をこうむる成員とを比較して、前者が後者よりも多いということを意味しているのであって、それ以上でもそれ以下でもない。貿易自由化などの議論において、ある政策が日本の農家全体の利益に反すると言われるとき、そこで意味されているのは、その政策によって確かに利益を得る農家があるとしても、それ以上の農家が不利益をこうむるということである。つまり、「全体」とは「相対的多数者」を意味しているのであって、決して一つの「実在する全体」を意味するわけではなく、また意味することもできない。それゆえ、「全体の幸福」もまた、実際には「相対的多数者の幸福」を意味するにほかならない。だが、このように「全体の幸福」が実際には「相対的多数者の幸福」を意味するとすれば、「全体の幸福が望ましい」という命題の真理性はきわめて疑わしいものとなる。なぜなら、すでにソクラテスが洞察していたように、多数決は事柄の倫理的当否を決定しうるものではないからである。

【例題12】 列車の騒音公害訴訟や米軍の基地騒音訴訟などにおいて、ほとんどの場合、被告の鉄道会社ないし国は、騒音被害が生じていることは認めながらも、列車の減速要求や夜間訓練飛行の中止要求には応じない。それは、まさにそうすることによって、被害者よりも圧倒的に多数の乗客や顧客、あるいは国民の利益が損なわれると考えるからである。裁判所もまた、これらの騒音被害は「受認限度の範囲内」であるとして、こうした考え方を追認する。それでは、「公共の利益」とはいったい何であろうか。また、公共の利益が倫理的にまったく問題のない概念であるとすれば、なぜ被害者は救われなければならないのであろうか[15]。

正義の問題

上記の問題は、全体と個人、全体の幸福と個人の権利という一般的問題として捉え直すことができる。つまり、全体の幸福のために個人の権利を毀損することが倫理の要求にかなっているかどうか、ということである。このような問題に関して、功利主義は確かに全体の幸福に重点を置きがちであるように見えるが、しかし功利主義者も決して個人の権利という問題をないがしろにしてきたわけではない。

例えば、「誰をも一人として数え、誰をも一人以上には数えない」というベンサムに帰せられる格言は、明らかに、社会的身分や階級にはかかわらない個人としてのすべての人間の平等という理念を表現しており、この理念のもとで、ベンサムは立法を通じての社会改革や政治改革を志向していたのであった。一例を挙げれば、イギリスでは一九四七年まで、納税した地区で投票を認める「複数投票制度」が存続していたが、この制度のもとでは、納税するに足るほどの収入のない貧者は一人としても数えられず、多くの地区に土地をもち、あるいは事業を展開している富者は一人以上に数えられることになる。このように、旧来の伝統によってその権利を保護されてきた貴族や大地主などの支配者階級に対して、諸個人の権利の平等を唱えるベンサムたちの一派は「哲学的急進派」と呼ばれ、実際にも、選挙法の改正などに力をそそいだのであった。ベンサムにとって「公共の利益」とは、一部の特権階級の利益ではなく、社会のすべての構成員の利益を考慮に入れることを意味していたのである。

ミルもまた、権利の尊重に対しては細心の注意を払っている。ミルによれば、「個人の権利」という概念こそが「正義」という観念の本質をなしている。[16] これは、「各人にその権利を帰属させることが最高の正義である」という古代ローマ以来の伝統的な正義の考え方を踏襲するものである。それでは、個人の権利とは何か、権利が権利として認められるのはどのような理由によるのであろうか。ミルによれば、権利とは、「それを所有したときに社会がその人を保護しなければならないもの」[17] である。なぜその人を保護しなければならないかと言えば、そうすることが「全体の功利（利益）」になるがゆえにである。例えば、もっとも基礎的な権利は身体と生命の安全に対する権利であるが、これがもっとも基礎的なのは、それを保護することがもっとも重要な利益になるからであり、またなぜこれがもっとも重要な利益になるかと言えば、そもそも、われわれはこうした安全なしには生を維持することができないからである。

安全に対する権利のない状態とは、例えばホッブズ（Thomas Hobbes, 1588-1679）の言う「戦争状態としての自然状態[18]であろう。ホッブズによれば、自然状態では人間は誰でも、「自分自身の自然、すなわち自分自身の生命を維持するために、自分自身の力を自分が欲するように使用する自由」を有している。これが「自然権」である。自然状態では、人間は他人の身体に関してすら、それを自分の欲するままに使用する権利を有しているのである。しかし、この自然権の無制限な行使は、必然的に「万人の万人に対する闘争」という状態に導かざるをえない。しかも、このような戦争状態にはさまざまな不便が伴う。例えば、勤労の場がない。なぜなら、勤労の果実が不確実なのだから。したがって、土地の耕作や物資の輸送、道具、知識、技術、文字もない。そして「社会」すらない。あるのは絶えざる恐怖と暴力による死の危険だけである。したがって、戦争状態を抜け出し、平和を達成するためには、われわれは理性の示唆する「自然法」に従って、本来有している自然権の一部（例えば、他人の身体や他人の勤労の果実に対する権利など）を放棄し、それを主権者へと譲渡しなければならない。このようにして主権者権力の支配が確立してはじめて、人間は「自然状態」から「社会状態」へと移行するのである。

すなわち、安全に対する権利が保障されていない社会とは、実は「社会」ではなく、たんなる「自然状態」にすぎない。社会は社会であるかぎり、身体と生命の安全に対する権利をその構成員に認め、保護しなければならない。それゆえミルは、「人類が互いに傷つけあうこと（この中には相互の自由の不当な干渉を含むことを忘れてはならない）を禁じる道徳律は、人間の福祉にとって、どんな格言よりもはるかにたいせつである[19]」と語るのである。

しかし、それでも問題は残る。ミルにおいて、そして一般に功利主義において、個人の権利はすべて「全体の利益」によって根拠づけられることになる。これはこれで確かに首尾一貫した議論ではあるが、このことは同時に、個人のいかなる権利も「全体の利益」によって制限されうるということを意味する。実際、われわれの多くの権利は無制限に行使してよいわけではなく、さまざまな理由によってその行使を制限することが正当である場合も少なくはない。しかし、個人のいかなる権利も「全体の利益」によって制限されうるとすれば、ここには再び、われわれの道徳的常識にとってどうしても受け入れがたい事態が生ずることになるであろう。現代の代表的な功利主義倫理学者であるヘアから一つの例を引いてみよう。

【例題13】 ある西部の町で一人の男が犯罪者として捕らえられた。町の人々は興奮して集まり、その男の処刑を求めている。だが保安官は、この男を取り調べて、彼が無実であることを知った。しかし、群衆の騒ぎは大きくなるばかりで、もし処刑しなければ暴動が生じ、多くの犠牲者が出るに違いない。このとき、保安官はどうすべきか。(20)

ヘアによれば、功利主義者はある行為から結果することを慎重に検討しなければならず、この場合にも、もし保安官が自ら法の規定を破って無実の人間を処刑したということがのちに明るみに出るならば、社会の規則や法に対する人々の信頼が大きく損なわれるという可能性を考慮しなければならない。だが、(1)この男が無実であったということが決して露見しないと保安官が知っている、(2)間接的な悪影響（例えば、有能な男を殺してしまったことで町の発展が阻害される）が直接的な好影響（暴動が防がれて町民の犠牲者が出ない）を凌駕しないと保安官が知っている、という二つの条件が満たされるならば、こうした状況では確かに保安官はこの男を処刑すべきなのである。もっともヘアは、この条件が完全に満たされることは実際にはありえないから、現実には処刑すべきだという判断が正当化されることはないと言う。しかし、個人の権利が全体の利益によって根拠づけられるかぎり、全体の利益のために個人の権利が毀損され、抑圧される可能性は、少なくとも理論的には否定できないのである。[21]

このような、全体の幸福のために無実の人間を犠牲にすることを許容する規則は「カヤパの規則」と呼ばれることがある。これは、ユダヤ教の大祭司カヤパ（カイアファ）が、ローマによる弾圧とユダヤ人社会の混乱を避けるために、「一人の人間が民の代わりに死ぬほうが好都合だ、と、ユダヤ人たちに助言し[22]」、無実のイエスを告発し有罪にすることを認めたことに由来する。もちろん、功利性の原理が必然的にこのような規則を許容せざるをえないわけではない。もしこの原理が情報の公開性を含意し、情報の公開によってこそ社会は最大の利益を得ることができると考えるならば、カヤパの規則はすでに功利性の原理に反しているとみなされなければならない。無実の人間でも社会秩序の維持のためには犠牲にされることがあるということが知れ渡るならば、人々は安心して暮らすことはできず、これは長期的な観点からして、社会の存続にとって望ましいことではないからである。しかし他方では、功利主義が社会全体の幸福を道徳的に正しい唯一の目的とするかぎり、まさに長期的な利益という観点のもとで、いまわれわれがきわめて基礎的だとみなしている個人の権利が毀損される可能性も否定できない。つまり、「譲渡不可能な権利」という概念を根拠づけることができないかぎり、功利主義は正義の問題を最終的に解決できないのではないか。多くの批判者たちはこの点に功利主義の道徳理論としての限界を見いだしてきたのである。[23]

【例題14】 人間の遺伝的な要因による疾患の原因と治療方法を開発するためには、動物実験よりも人体を使った実験のほうがはるかに有効である。正常な人間を使うことはできないにしても、自然流産した胎児や人工妊娠中絶された胎児などを実験材料として利用することによって遺伝病が克服されるならば、人類には計り知れない福音がもたらされることになろう。また、臓器移植にしても、重度の障害をもち、ほんのわずかしか生きられない欠損新生児や死刑囚などを医療資源として活用するならば、ドナー不足もかなり解消されるであろう。功利主義はこうした事態をどのように判断するであろうか。

［注］

（1）ミル、『功利主義論』、四七九頁。
（2）例えば、芥川龍之介の短篇『蜘蛛の糸』における犍陀多《かんだた》の行為に対するお釈迦様の評価を見よ。
（3）一九九四年七月二三日付の『朝日新聞』朝刊より。
（4）Cf. J.J.C.Smart, Extreme and Restricted Utilitarianism, p.178f.
（5）ミル、前掲書、四八三頁以下参照。
（6）Cf. G.Patzig, *Ethik ohne Metaphysik*, S.142.
（7）B.Gert, *Die moralischen Regeln*, S.101.
（8）ミルもまた、道徳規則には例外がありうることを認め、例えば、重病人に真実を伏せたときの利益と知らせたときの利益を直接功利性の原理によって比較する場合がありうることを認めている（ミル、前掲書、四八四頁参照)。
(9) レイチェルズ「積極的安楽死と消極的安楽死」。
(10) ビーチャム「レイチェルズの安楽死論に応えて」。
(11) その極端な表現は、例えばマキアヴェリ(Niccolò B. Machiavelli, 1469-1527)の次のような言葉の中に見いだされる。「たとえその行為が非難されるようなものでも、もたらした結果さえよければ、それでいいのだ。ロムルスの例のように、もたらされた結果がりっぱなものなら、いつでも犯した罪は許される」(マキアヴェリ『政略論』、二〇二頁)。ちなみに、ロムルスとは、ローマの伝説上の建国者で、双子の弟レムスを殺害したり、計略によって隣国を滅ぼしたりして、ローマの基礎を築いたと伝えられている。
(12) ベンサム『道徳および立法の諸原理序説』、一一三頁以下参照。強度・持続性・確実性・遠近性というのは、ある個人にとっての快楽の価値を測る基準であり、ある行為がある人に、どれだけの強さの快楽を、どれだけの期間、どれほど確実に、そしてすばやく与えるかが問題となる。また、行為がどのような快楽を生み出す傾向をもつかに関しては、それが同じ快楽をどれほど多く伴うか(多産性)、逆に苦痛を生み出さないか(純粋性)が問われなければならない。さらに、その行為によって快楽ないし苦痛をこうむる人々の数(範囲)を考慮に入れなければならない。
(13) ガンディーの実践のもつ倫理的含意に関しては、川本隆史「抵抗の倫理学へむかって」参照。
(14) ベンサム、前掲書、八三頁。
(15) 公共の利益という概念に関するさまざまな理論の紹介と吟味に関しては、足立幸男『政策と価値』参照。
(16) ミル、前掲書、五一二、五二三頁参照。
(17) 同書、五一七頁。
(18) ホッブズ『リヴァイアサン』、第一三・一四章参照。
(19) ミル、前掲書、五二三頁。
(20) ヘア『道徳的に考えること』、七四、二四三頁参照。

(21) ヘアは、専制政治や奴隷制度のもとで、たんに一部の人間だけではなく社会の成員が全体として繁栄できると信じることができるならば(ヘア自身はこのようなことはありえないと信じているのだが)、専制政治や奴隷制度も道徳的に擁護されうると論じている(ヘア、同書、二四七頁以下参照)。

(22) 『新約聖書』、「ヨハネによる福音書」一八・一四。

(23) 功利主義的正義論に対するもっとも大規模な反論は、ロールズ『正義論』に見られる。功利主義の権利論に焦点を当てたものとしては、ハート『権利・功利・自由』等参照。

第6講　功利性と道徳性

第1節　快楽主義再考

功利主義とは、「最大多数の最大幸福」という目的の実現を目指す行為に道徳的価値を認める理論である。しかし、前講でいくつかの例に即して検討したところが功利主義の解釈として誤っていないとすれば、たとえ目的が「全体の幸福」であったとしても、行為はそのことだけで倫理的に正当化されるのではないように思われる。少なくとも、われわれの道徳的常識は「功利性の原理」に基づく道徳的判断のすべてを受け入れることはできない。だが他方では、「欲求の対象は善であり、すべてのものによって欲求されているものは最高善である」という命題は、確かに価値に関する一つの基本的な事実であるようにも思われる。すべての人が一致して欲求しながら、なおかつそれが善ではないという事態はきわめて考えにくい。もし幸福への欲求を根本的に否定する道徳があるとすれば、それは本末転倒であろう。

このような齟齬は、いったい、どのように理解すればよいのであろうか。

アリストテレスの快楽論

前講で述べたように、アリストテレスはエウドクソスの快楽論を高く評価し、「快楽は善である」というその認識を基本的に承認する。しかし同時にアリストテレスは、例えばソクラテスの弟子の一人であるアリスティッポス（Aristippos, c.435-355B.C.）のような、快楽はどんなに見苦しくいかがわしい行為から生じたものであっても、それ自身のゆえに望ましいものであり、よいものであるという主張[1]は、これを悪しき快楽主義として斥ける。だが、快楽が善であるとすれば、なぜ悪しき快楽というものがあり、悪しき快楽主義などというものがありうるのだろうか。『ニコマコス倫理学』第一〇巻第五章を中心とする次のような議論を検討してみよう[2]。

アリストテレスによれば、まず第一に「快楽には種類の相違がある[3]」。なぜなら、「快楽は活動に随伴するもの[4]」であり、活動の種類が異なれば、そこから生ずる快楽もまた異なるからである。われわれがさまざまな場面で快楽を感ずるとき、そこに存在するのは決して「快楽一般」という同一性質のものではなく、食の快楽や性の快楽、運動の快楽や思考の快楽といった、それぞれに種類の異なる活動に伴う、それぞれに種類の異なる快楽である。実際、音楽に伴う快楽を十分に堪能したからといって、食に伴う快楽までもが満たされるわけではない。

もちろん、アリスティッポス流の徹底した快楽主義者ならば、たとえ快楽に種類の相違があるとしても、それらは等しく快楽である以上、等しくよいものであると主張するであろう。これに対してアリストテレスは、「活動のうちには高尚さと劣悪さにおける相違があり、ある活動は選ぶべきものであり、ある活動は避けるべきものであり、ある活動はそのいずれでもないのだから、それに伴う快楽にもこれと同じ相違がある」[5]と述べる。つまり、よい活動から生みだされた快楽はよく、悪い活動に伴う快楽は悪いということである。しかしいずれにせよ、アリストテレスも、エウドクソスとともに、快楽は善であるという主張を基本的には受け入れていた。とすれば、快楽は善であるという主張と、快楽には善悪の区別があるという主張とは、どのようにして両立しうるのであろうか。

これに対してアリストテレスは、「器量と善いひとであるかぎりにおける「善いひと」がそれぞれの事物の尺度であるとすれば、善いひとにとって快楽と見えるものが快楽であり、善いひとが喜びを覚えるものが快いものであることになろう」[6]と答える。つまり、ものごとが実際にどのようにあるかということの基準は、すべての場合において、それが〈よい人〉にとってどのように見えるかというところにあり、よい人の感ずる快楽が真正の快楽なのである。この「よい人がすべてのものごとの尺度である」という主張は、一見そう見えるところとは異なり、プロタゴラスの「人間尺度論」とは対極的な思想である。プロタゴラスによれば、一切の判断基準は各人それぞれに存し、ものは、各人の見るところが人によってどのように異なっていても、その見えるところがまさに各人にとってそのもののありのままの姿なのであり、それ以外に客観的な事実などは存在しない。だがアリストテレスにとっては、理性と賢慮をもつ〈よい人〉のうちにこそ一切の判断基準が存する。例えば、地上にいるすべての人にとって、太陽と月がほぼ同じ大きさに見えるからといって、実際にこの二つのものが同じ大きさをもつわけではなく、この場合には天体の測定方法に通じた人、天体の事柄についてよく知っているという意味で〈よい人〉がどう判断するかが問題なのである。同様に、善悪についてよく知っている人にとって快楽と感じられるものこそが真正の快楽であり、もしこの意味でのよい人にとって不快なものが別の人に快楽と感じられるならば、それはその人が腐敗し堕落しているからであって、本来は快楽でないものが、そうした状態にある人にのみ快楽と感じられるにすぎない。それはちょうど、健康な人にとっては不快と感じられること（例えば、ひたいに氷枕をあてること）が熱のある病人にとって快楽と感じられるというのと同じである。すなわち、人間の本性に即した快楽だけが真に快楽の名に値するのであって、「快楽は善である」という命題はこのような快楽に関してのみ妥当するのである。

エウドクソスの議論の再吟味

以上のアリストテレスの議論を参照しながら、本講のはじめの問い、すなわち快楽は善であるという命題と、快楽を追求する行為は必ずしもつねに倫理的に正当化されるとはかぎらないように見えるという事態とがどのように整合的に解釈されうるか、という問いを考えてみよう。快楽を最高善とするエウドクソスの議論は次のような構造をもっていた。

〔大前提〕 すべてのものがもっとも欲求するものは、最高善である。
〔小前提〕 快楽は、すべてのものがもっとも欲求するものである。
〔結　論〕 快楽は最高善である。

すでに検討したように、大前提は人間に関する一つの根源的事実を表現する命題として認めざるをえないように思われる。何かが「望まれている」という事実は、それが「望ましい」ということと密接な関係をもっており、そのものはまさに「望ましい」がゆえに「望まれている」のである。仮に、われわれの欲求をまったく離れて望ましいものがあるとすれば、それは神や動物にとって望ましいものではあるかもしれないが、少なくともわれわれ人間にとって望ましいものではないであろう。だが、アリストテレスも言うように、倫理学においてわれわれが探究すべきは「人間にとっての善」なのであり、それゆえ、すべての人間が欲求しているものがあるとすれば、それは確かに人間にとっては善であると言わざるをえない。

それでは、小前提についてはどうであろうか。すべてのものが快楽を欲求しているという命題もまた、反論の余地はないように見える。ベンサムが指摘していたように、いかなる禁欲主義者も実際にはなんらかの快楽を追求しているとみなすことができるからである。しかし、翻って考えてみるならば、禁欲主義者ですらある快楽を欲求しており、それゆえ、この小前提の命題が正しいと判断しうるのは、この命題において「快楽」と名指されているものが決して同じ一つの快楽を意味しているのではないからにほかならない。われわれは皆決して同じ一つの快楽を欲求しているわけではなく、同じ人間にあってすら時と処によって欲求される快楽は異なる。

この事実を踏まえながら、なおかつ小前提をすべての人間に関して妥当する事実命題として認めようとするならば、この命題に含まれている「快楽」とは、決してあれこれの特定の快楽ではなく、たんに「快楽一般」を意味していると解釈せざるをえないであろう。いかなる快楽であれ、特定の種類の快楽をここに挿入するならば、それは事実命題として妥当性を失ってしまわざるをえないからである。だがアリストテレスによれば、「快楽一般」などという同一性質のものはどこにも存在しない。つまり、この小前提の命題は、事実命題としての妥当性を確保しようとすれば、その実質的な内容を失わざるをえないのである。言いかえれば、ここで意味されている快楽とは、たんに人間にとって「望ましいもの」として欲求されているもの、すなわち「欲求の対象一般」にすぎないのであり、それゆえこの命題は、「すべてのものは欲求の対象を欲求している」という同語反復的命題とならざるをえない。

このときにはしかし、これら二つの命題から帰結する結論もまた、当然のことながら空虚な命題とならざるをえない。すなわち、結論において最高善と規定された「快楽」とは、決してあれこれの特定の快楽を指すのではなく、たんに「欲求の対象」を意味し、それゆえ結論は「欲求の対象は最高善である」となる。だが、この命題は各人が現実に所有している個々の欲求の対象を善であり望ましいものとして規定しうるわけではない。なぜなら、「最高善」の概念を規定した大前提の定義命題において、最高善とは「すべてのものの欲求の対象である」と規定されているからである。それゆえ結論は、正しく解釈されるならば、「すべてのものの欲求の対象は最高善である」という表現をとらざるをえない。だが、これは大前提の命題そのものにほかならない。快楽主義の議論はまさに全体として空転しているのである。このことは、たとえ快楽主義の議論を承認したとしても、そこからどのような快楽の追求が望ましいのかを特定することはできず、ましてやいかなる快楽の追求であっても望ましいと結論することはできない、ということを意味する。すなわち、快楽主義の議論は実際には以下のような構造をもっていたのである。(7)

〔大前提〕すべてのものがもっとも欲求するものは、最高善である。
〔小前提〕快楽は、すべてのものがもっとも欲求するものである。
　　　　　　↓快楽一般 ──→ 欲求の対象＝同語反復的命題
〔結　論〕快楽は最高善である。
　　　　　　↓欲求の対象 ──→ すべてのものの欲求の対象＝大前提の命題の反復

第2節　行為の構造

基礎行為と行為

アリストテレスによれば、快楽とはそれぞれ種類の異なる活動や行為に付随する現象であり、その善悪は母胎である活動や行為の善悪に依存している。しかも、快楽主義の論理は形式的には妥当であっても、実質的にはいかなる快楽が最高善であるかを特定することはできない。そうだとすれば、道徳的なよさとは何かということで最初に問われなければならないのは、快楽を追求し生み出す活動や行為それ自体の善悪であるということになるであろう。

それでは、行為とはいったい何であろうか。われわれが行為という言葉で理解しているのは、少なくともたんなる身体的動作ではない。確かにわれわれの行為にはつねになんらかの身体的動作が伴い、「手を上げる」（行為）ならばつねに「手が上がる」（身体的動作）としても、「手が上がった」からといってつねに「手を上げた」ことにはならない。なぜなら、反射運動によって「手が上がる」ということもありうるからである。われわれはこのような反射運動や夢遊病者の動作までをも行為として理解するわけではない。そこで、たんなる「身体的動作」と区別された「行為」という概念を明らかにするために、「基礎行為」という概念を導入してみよう。

行為とは、われわれが自分自身の身体をもって世界に一定の変化を生じさせることであるかぎり、行為は、いかに複雑な行為であろうとも、それを身体的動作の方向に分解してゆくことが可能であろう。例えば、誰かが机の上に忘れた財布を「盗む」（行為）とき、われわれが身体的動作として何を行なっているかと言えば、それは「手を伸ばす」とか、「指を曲げる」、「手を上げる」等々のことであろう。あるいは、引き金にかけた「指を曲げる」ことによって銃を「発射し」、人を「殺す」。また、「目を閉じる」ことによって人を「誘惑する」。現代のある哲学者たちは、このような「指で押す」や「足を出す」あるいは「声を発する」といった、それ以上他の動作へと分解されえないような「単純で自発的な身体的動作」を「基礎行為」と呼んでいる。[8] 黒田亘によれば、このような身体的動作である基礎行為は、次の三重の意味で基礎的である。[9]

第一に、われわれが複雑な行為を描写し、説明するときには、われわれはそれをより単純な行為の複合として描写し、説明する。例えば、金庫の開け方を教える場合、鍵を差し込み、右に回してから、ダイヤルを三回左に回すというような仕方で説明する。だが、この「鍵をもつ」とか「手を右に回す」といった要素的動作それ自体をどのようにして行なうかということは、もはや説明したり記述したりすることはできず、各人が実地に習得するほかはない。また、一般にわれわれの行為は、Xをすることによってを行ない、Yを行なうことによってZをするという重層的な手段—目的構造をもつが（手を回すのは鍵を開けるためであり、鍵を開けるのは金を取り出すためである）、自発的な身体的動作は、つねに他の行為の目的とはならない。さらに、手を回すといった要素的動作は、われわれが何か他のことを行なうことによって遂行する動作ではない。確かに、手を回すときには、腕の一定の筋肉が収縮し、脳から腕になんらかのインパルスが送られているかもしれないが、しかしわれわれが自らインパルスを「送る」わけではなく、筋肉を「収縮させる」わけでもない。

しかし、ここで重要なことは、すべての行為は基礎行為をもとにして生じるとしても、たんに「単純で自発的な身体的動作」としての基礎行為を記述する段階では、少なくとも道徳的判断の対象となる「行為」を構成することはできず、言いかえれば、たんなる基礎行為の記述は行為の記述ではないということである。次のような例を考えてみよう。

【例題15】　以下は、井上ひさしの作品「練歯磨殺人事件[10]」からの引用である。文中の中年男はいったい「何をした」のであろうか。

白い下半身を剥き出しにした娘が横たわっている。麻酔薬を嗅がされているらしく身動きひとつしない。娘の高く盛り上がった胸が皮鞴のように規則正しくゆっくりとせり上がり沈み込む。と、思いつめた目をした中年男が冷たく光る鋭利な刃物を握りしめ、娘の下腹部へ顔を近づけて行き、ぐさりとその刃物を突き立てた……。

これは身体的動作を中心にした記述である。では、この中年男は何をしたのか。「殺人か。そうではない、帝王切開がこれから始まるのである」。これに続けて井上ひさしは、「舞台が、背景がなによりも大事だ」と言う。より哲学的に言えば、「行為はコンテクストのなかで構成される」ということである。(11)すなわち、たんに「刃物を握りしめる」とか「刃物を突き立てる」といった記述だけでは、その人が通常問われるような意味で「何」をしているかは理解できない。「殺人」という行為も、「手術」という行為も、基礎行為としてはまったく同じように記述されうるからである。それゆえ、行為の構成にとってはコンテクストが重要なのであり、コンテクストが異なれば、同じ一つの「基礎行為」がまったく異なった「行為」となることもある。「右手を上げる」という動作は、路傍で「タクシーを呼ぶ」ことにもなり、廊下で「友人に挨拶する」ことにもなり、あるいは教室で「質問に答える」ことにもなる。古代ギリシアでは中指を突き出すことは軽蔑を意味していたというし、左手を不浄と考える社会では、左手で子供の頭を撫でたりすることは重大な結果を招きかねないであろう。「李下に冠を正さず、瓜田《かでん》に履《くつ》を納《い》れず」と言われるゆえんである。

しかし、このコンテクストが何か外部から観察しうるような背景だけを意味しているならば、それだけでも行為の構成にとっては不十分であろう。例えば、資格をもった医師が、決められた手術時間に、手術室で、他の医師や看護婦の協力を得ながら、しかも手術されるべき患者を「殺す」――手術の失敗で患者が死ぬのではなく――ということもありうる。このとき、「患者の死」という同じ一つの結果をもつ行為を「(失敗した)手術」と「殺人」という二つの行為に区別することを可能にするのは何であろうか。それはまさに、基礎行為を生じさせたときに行為者が何を意図していたのかということ、患者の命を救おうとしたが誤って別のところにメスを入れてしまったのか、それとも患者の保険金を狙ってそうしたのかということであろう。つまり、通常、「意図」とか「動機」と呼ばれているものである。すなわち、行為者自身の「意志規定の根拠」（意図・動機）こそが、たんなる身体的動作から一つの行為を構成する本質的要素なのである。例えば、路上で友人を見つけたので挨拶をしようと右手を上げたらタクシーが近寄ってきて止まったということもあろう。タクシーのドライバーには、その動作は「タクシーを呼ぶ」行為として理解されたのである。しかし、その人の意図が友人に挨拶をすることにあったとすれば、確かに彼はタクシーを呼んだのではない。李下に冠を正す人も、そのつもりがなかったとすれば、すももを盗もうとしたというのはあくまでも誤解にすぎない。もちろん、われわれはできるだけ誤解を生むようなことは避けなければならない。だが、この誤解されるようなことをしてはならないという教えは、まさに、行為の本質的な構成要素が、観察可能な身体的動作にではなく、意図や動機にあるということを示唆しているのでもある[12]。

このように、「行為」は究極的には行為者の意図や動機に即して構成されるとするならば、行為の道徳的判断も、それが「行為」に関する判断であるかぎり、その本質的構成要素である意図や動機に即してなされなければならない、ということになる。ミルは、義務の念からであろうと報酬目当てであろうと、溺れている人を救助するならば、その行為の道徳的価値は等しいと語っていたが、それはまさに「（失敗した）手術」と「殺人」とを等しなみにする判断であると言わざるをえないであろう。

行為連関の図式

行為の道徳的判断に際して、われわれは功利主義者が主張するように、行為と行為者（の意図や動機）

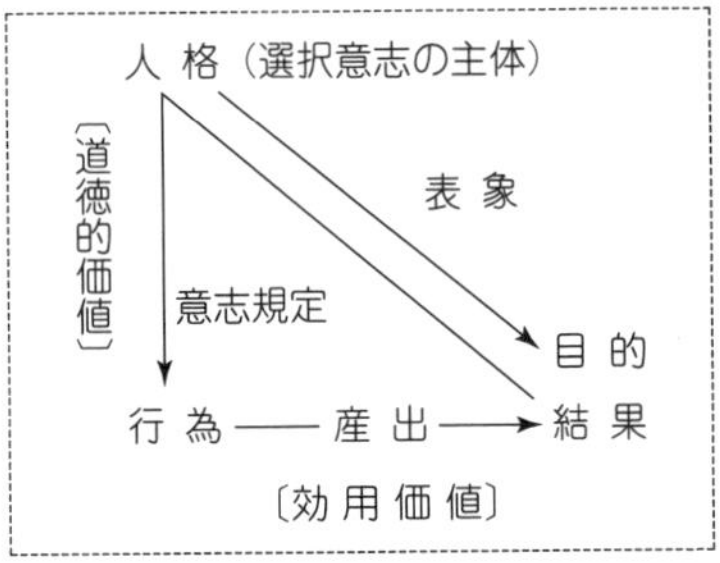

を分離し、行為（の結果）のみを考察の対象とすることはできない。むしろ、行為者（の意図や動機）についての判断こそが行為そのものについての道徳的判断であるとみなさなければならない。なぜなら、いかなる意図のもとで身体的動作が生じたのかということによってのみ行為は同定されうるからである。この点をカント（Immanuel Kant, 1724-1804）の次の言葉によって確認しておこう。カントによれば、「目的というものは選択意志（理性的存在者の）の対象であり、選択意志はこの対象の表象をとおして、この対象を生み出す行為をするよう規定されるのである[13]」。選択意志とは、われわれがあれこれのものを選択するときのその意志のことであり、この意志があることを達成しようとするときのその対象が目的と言われる。行為は、目的の表象により意志が規定されることによって生じる、というのがカントの理解である。この命題を直観的に明らかにするために、多少の修正を加えて上のように図示してみよう。

この三肢構造の図式において、「行為」は二つの方向から考察されうる。一つは、水平方向の「行為―結果連関」においてである。ここでは、行為は何を結果としてもたらしたかという観点から評価されるのであり、この結果から行為に対してはなんらかの効用価値が与えられうる。他方、行為は垂直方向の「人格―行為連関」においても考察されうるのであり、ここではいかなる目的の表象によって選択意志が規定されたのかということが問われる。カントによれば、この意志規定のあり方に従って行為に与えられるのが道徳的価値なのである。この図式に即して言えば、行為を水平方向の連関においてのみ評価し、道徳的価値を効用価値に還元するミルのような行為理解は、まさに行為という事態の半分を捉えているにすぎないということになろう。

【例題16】　ある人が自分の資産をなげうって無医村に病院を建設するための資金を提供し、それによって住民たちは安心して暮らせるようになった。しかし、彼が資金を提供したその動機は、自分の名声を高め、後世に名を残すことにあった。このとき、彼の行為はどのように評価されるべきであろうか。動機をも功利性の原理によって判定しようとするある功利主義者によれば、功利主義において唯一善であるのは「全体の幸福」であり、この行為は住民たちの幸福を増大させたかぎりで客観的には正しいが、「全体の幸福」が動機となっているのではない以上、主観的には正しくない、と言わざるをえないという。(14) 先の行為連関の図式を当てはめるならば、このような評価はどのように理解できるであろうか。

功利性と道徳性

カントはまた次のようにも語っている。

行為の道徳的価値は、その行為から期待される結果のうちにはなく、それゆえにまた、行為の動因をこの期待された結果から借りてくる必要があるような、行為のなんらかの原理のうちにもない。なぜなら、これらの結果のすべて（自分の状態の快適さや、さらには他人の幸福の促進をも含めて）

は、ほかの原因からも生ぜしめられるであろうし、したがってそのために理性的存在者の意志を必要としないであろうが、しかし最高にして無条件的な善は、ただこの意志のうちにのみ見いだされることができるからである。(15)

すなわち、快楽や幸福の増大という結果をもたらす原因であるという点においてのみ行為に道徳的価値が与えられるのであれば、同じく人々を幸福にしたり不幸のどん底に突き落としたりする原因ともなる自然現象に関してすら、われわれは道徳的価値を云々せざるをえないことになろう。だが実際、功利主義者ですらそのようなことはしない。彼らもまた、道徳的評価の対象となるのは意図的な行為であるということを前提としている。にもかかわらず、実際の道徳的判断に際してはこの意図を評価せず、事実上の結果（行為功利主義）ないし蓋然的な結果（規則功利主義）によってのみ行為を評価するにとどまる。(16) 功利性を道徳性と同一視するこのような行為理解にこそ、行為の道徳性の判断基準としての功利性の原理の限界があると言うべきであろう。

功利主義は、人間の幸福に対する欲求という否みがたい事実を率直に肯定し、人々をできるだけ幸福にする行為に道徳的価値を認める。われわれの誰もが幸福を望んでおり、また誰もが他人の幸福を否定する権利などはもっていないと考えられるかぎり、これは人間にとってきわめて自然な理論であり、それだけに有力な理論でもある。実際、例えば、現代のわれわれが科学技術の高度な発達によって直面させられている生命倫理の諸問題を論ずるとき、多くの論者が暗黙のうちに――そして哲学者の場合には自覚的に――功利性の原理に基づく議論を展開する。例えば、血を分けた子供を欲していながら、なかなか子供のできない夫婦がいれば、彼らに不妊治療を施し、あるいは体外受精を試み、それでもだめなら代理出産を依頼する、すべては彼らの幸せのためであり、代理母と実母との間にトラブルの生じる可能性があるならば法的に解決する方策を探ればよい。このように論じられるとき、そこに働いているのが功利性の原理である。

だが、こうした功利主義的な議論においては、行為のよさはつねに、全体の幸福を実現するのに「役に立つ」とか「有用である」という次元において問われていることになる。つまり、行為の価値は「手段としてのよさ」という観点においてのみ考察されるのであり、ソクラテスがわれわれに残した課題、すなわち「無条件的なよさ」ないし「それ自体としてのよさ」の次元において問われているのではない。おそらくそれは、功利主義においては、「無条件的なよさ」が目的―手段連関における究極目的としての最高善と理解されているからであろう。しかし、「無条件によい」とか「それ自体としてよい」ということは、「もっともよい」とか「一番よい」ということとは異なっている。なぜなら、後者においては、なお他の何ものかとの比較においてよさが語られているのに対して、前者においては、そうした比較を絶したよさが意味されているからである。しかも、先の行為連関の図式においても、行為に関しては功利性と道徳性、有用さと正しさとは語られるべき次元を異にするということが示されていた。そうだとすれば、われわれとしては再びソクラテスの問いに立ち戻り、行為を「それ自体としてよい」と語りうる次元を探究しなければならないであろう。

［注］

（1）ディオゲネス・ラエルティオス『ギリシア哲学者列伝』上、一九〇頁参照。

（2）以下の議論の整理に関しては、岩田靖夫『アリストテレスの倫理思想』第9章参照。

（3）アリストテレス『ニコマコス倫理学』X.5.1175a、三三四頁。

（4）同書1175a、三三三頁。

（5）同書1175b、三三六頁。

（6）同書1176a、三三七頁。

（7）エウドクソスの議論は次のようにも整理することができる。

〔大前提〕すべてのものがもっとも欲求するものは、最高善である。

〔小前提〕すべてのものがもっとも欲求するものは、快楽である。

〔結　論〕快楽は最高善である。

この形式は、伝統的論理学において「定言三段論法の第三格」と呼ばれるものであるが、これには、結論が特称命題でなければならないという制約がある。それゆえ、少なくともすべての快楽が最高善ではありえない。もしアリスティッポス流の快楽主義がこのような推論に基づいてあらゆる快楽は善であると主張するのであれば、それはすでにこの点で誤っている。それでは、いかなる快楽が最高善でありうるのか。それは最高善の定義命題である大前提によって、「すべてのものがもっとも欲求する快楽」にほかならない。だが、事実問題としてこのような快楽を特定することはできない。ここにこの推論の難点がある。

（8）A.C.Danto, Basic Actions, pp.43-58.

（9）黒田亘『行為と規範』、六四頁以下参照。

（10）井上ひさし『犯罪調書』所収。

（11）リーデルによれば、行為するとは、伝統や役割、制度といった文化的・歴史的な生の形式に参加することであり、これによって人間の行為は、たんなる機械的ないし動物的な行動様式と区別される。例えば、「パンを買う」という一つの行為も、買い手と売り手という役割、お金の支払いと袋づめといった、それ自体伝統や制度を背景とした諸活動の連関によって構成されるのである（リーデル『規範と価値判断』、一二五頁以下参照）。

（12）このことは、「行為」の記述や同定が行為者自身によってのみ客観的になされうるということを含意するものではない。アンスコムが指摘しているように（アンスコム『インテンション』、二一頁以下等参照）、行為は多くの異なった仕方で記述されうるのであり、それゆえ、「われわれの行為は行為者の意志を越える意味をつねにもっている」（菅豊彦『実践的知識の構造』、一六九頁）ことは否定できない。ある人が夜中にアパートの一室で鋸で木材を挽くなら、それは「本箱を作っている」とも、「隣人の安眠を妨げている」とも記述できる。このとき、彼の意図がたんに本箱を作ることにあったとしても、隣人の安眠を妨げたことに対しては責任を免れえないであろう。だが、もし彼が本当にそのことに気づいていなかったとすれば、その非難は彼の無知や想像力の欠如に向けられるべきであって、その意志に対してではない。ある記述のもとでの評価がただちにその行為の道徳的評価に結びつけられるならば、われわれは再び偶然的結果によっても行為を判定する行為功利主義にまで引き戻されてしまうであろう。

（13）カント『人倫の形而上学』、五三四頁。

（14）Cf. G.Patzig, *Ethik ohne Metaphysik*, S.143.

（15）カント『道徳形而上学の基礎づけ』、四八頁。

（16）Cf. D.Lyons, *Limits of Utility*, p.176f.

第7講　カント倫理学の課題

第1節　絶対的価値の探究

功利性と道徳性、有用さと正しさとは、行為に関して成立する次元が異なる。それでは、道徳性の基準、つまり倫理的善悪の基準とは何であろうか。すでに述べたように、一般に善悪はなんらかの基準と相関した概念であり、基準なしには善悪を判断することができず、逆に善悪の判断を下すときには、われわれはすでになんらかの基準を有しているはずである。そうだとすれば、道徳性の基準もまたわれわれの通常の道徳的判断のうちにすでに含まれており、われわれの道徳的常識を反省することによってそれを取り出すことができるであろう。このように、われわれの常識のうちにある道徳の概念を徹底的に分析することによって、道徳性の原理とその基準を確定しようと試み、功利主義とは対照的な倫理学を形成したのがカントである。確かにカント哲学は難解をもって知られるが、しかし少なくともその倫理学は道徳的常識から出発しているのであり、われわれもまた以下の数講において、自らの道徳的意識を振り返りながら、カントの議論を追跡することにしよう。

黄金律

道徳的常識からその原理を引き出すといっても、第2講で見たように、われわれの道徳的意識はきわめて多様であり、個々の具体的な行為に関しては、通時的にも共時的にも、人々の一致した道徳的判断を見いだすことは困難であろう。だが、第3講で検討したように、個別的な道徳的判断の不一致は、ただちにその根底に存していると想定される基礎的な道徳的原理の対立までをも意味するわけではない。実際、古来よりさまざまな民族や文化あるいは宗教において、ある共通の内容をもった掟が道徳の根本的な命令であるとみなされてきた。いわゆる「黄金律」と呼ばれるものがそれである。

例えば、古代ギリシアの伝統において最初の哲学者とみなされているタレース（Thales, c.624-546B.C.）は、「どうしたらわれわれは最も善くて最も正しい人生を送ることができるかという問いには、「他人に対して非難するようなことを、われわれ自身は行なわないならば」と答えた[1]」と伝えられている。またギリシアの七賢人の一人に数えられるピッタコス（Pittakos, c.650-c.570B.C.）は、「隣人に対して憤りを感じるかぎりのことは、汝自身もなすべからず[2]」と語っている。だが、黄金律として今日もっともよく知られているのは、「人にしてもらいたいと思うことは何でも、あなたがたも人にしなさい[3]」というイエス（Jesus, c.4B.C.-c.29A.D.）の言葉であり、「己れの欲せざる所、人に施すこと勿かれ[4]」という孔子（前五五一―四七九）の言葉である。

これらの諸定式はすべて、ある一つの道徳性の理念、すなわち「公平」の理念を表現しているとみなすことができよう。公平という理念はわれわれの道徳的意識のうちにきわめて深く根ざしており、それゆえ、これらの諸定式は道徳の最高の原理を表現しているという意味で、「黄金律」と呼び慣らわされてきたのである。

しかしこれらは、文字どおりに受けとられるならば、道徳性の基準の表現として必ずしも十分ではない。カントによれば、自分にしてほしくないことを他人にしてはならないという定式からは、自分に与えられた素質をより完全なものにするといった「自分自身に対する義務」を導出することができず、他人から親切にされなくてもかまわないと認める人に対して、他人に対する親切の義務を課すこともできず、また場合によっては、裁判官が犯罪者を罰することも不可能になりかねない[5]。さらに、この定式が行為者の欲求を基礎にして、ある行為の仕方を命じていると理解されるかぎり、自他の欲求が異なる場合には、この定式に従うことは親切の押し売りになる危険すらあるだろう。それゆえ、イギリスの劇作家バーナード・ショー（George Bernard Shaw, 1856-1950）によって、「自分がしてほしいと思うことを他人にしてはならない[6]」と皮肉られることにもなる。

しかし、そうであるからといって、公平の理念が道徳的に無意味なものとなるわけではない。最大多数の最大幸福のために少数者の権利の毀損を許容しがちに見える功利主義ですら、ベンサムの「誰をも一人として数え、誰をも一人以上には数えない」という定式においては、確かにこの理念を掲げていたのである。したがって問題は、われわれの道徳的常識のうちにあるこの理念がどのように定式化されるならば、道徳性の原理の妥当な表現となりうるのか、ということである。

善意志

さて、カント倫理学の基本的な性格は、『道徳形而上学の基礎づけ』（以下、『基礎づけ』と略記する）第一章冒頭の有名な一節に端的に示されている。

この世界のうちで、いなそれどころかこの世界の外においてすらも、無制限に善いと見なしうるものがあるとすれば、それはただ善い意志のみであって、それ以外には考えられない。[7]

カントによれば、行為の道徳的なよさは、行為の結果や、結果として意図された目的に即してではなく、ただひたすら「意志」のあり方に即して問われるべきなのであり、『基礎づけ』におけるカントの論述はすべて、この「善意志」とはいかなる意志か、われわれの意志はどのように意志するときに「無条件によい」とみなされうるのか、という問いに向けられている。つまりカントは、ソクラテスによって課せられた無条件的なよさへの問いに対して、善意志のよさを解明することによって答えようとするのである。

それでは、なぜ道徳的行為においては、行為の結果ではなく意志のあり方が問われなければならないのであろうか。あるいは、いかなる理由によって善意志のみが無条件によいとみなされうるのであろうか。確かに、世の中には〈よい〉と呼ばれるものは数多くある。「自然の恵み」としての精神の才能（知性、機知、判断力など）や気質の特性（勇気、果断、根気強さなど）、あるいは権力や富や名誉、健康などの「幸運の恵み」は、通常、よいものであり望ましいものとみなされている。しかし同時に、われわれはこれらを無条件によいものとみなしているわけでもないであろう。知性に秀で、判断力にすぐれ、勇気や根気強さを備え、健康や富や権力にも恵まれ、さらには人々の尊敬を集めている「悪人」という概念は、われわれの経験において決して矛盾した概念ではない。実際、自然の恵みや幸運の恵みの〈よさ〉は、われわれがそれらを使用して何かを達成し、実現するのに役に立ち、有用であるというところに存している。この意味で、それらの〈よさ〉は、それらが達成し実現するところのものに対して「相対的」である。悪人の「冷静さ」ですら、彼の目的を達成するためには有用であるという点では、依然として望ましいものであろう、とカントは述べる。それにもかかわらず、われわれが彼を道徳的な意味で悪人とみなし、その冷静さを有害なものとみなすとすれば、それはいったいなぜであろうか。あるいは、「悪知恵」の〈悪さ〉とはどこに存しているのであろうか。カントによれば、それは、こうした精神の才能や気質の特性あるいは自然の恵みを使用する「意志」のうちに存している。つまり、これらの恵みは確かに「一応の善」ではあるが、それらを使用する意志が悪いとみなされるとき、そうした人間ないし行為は道徳的に悪いと判断されるのである。この意味で、「意志のよさ」は、ある人間や行為を道徳的によいと判断するための必要条件である。

しかし、これだけではない。カントによれば、「意志のよさ」は道徳的なよさの十分条件でもある。つまり、善意志さえあれば、それだけで、ある人間ないし行為は「道徳的によい」と呼ばれうるのである。カントは次のように語っている。

運命がとりわけ苛酷であったり、無慈悲な自然が調達を惜しんだために、この善い意志が自らの意図を貫徹する能力をまったく欠くとしても、つまり善い意志が最大の努力を払ってもこの意志によってなにごとも成就せず、ただ善い意志のみが残る（もとよりこの意志はたんなる願望ではなく、われわれがなしうる限りでのすべての手立てを尽くすのであるが）としても、この善い意志はあたかも宝石のように、自らの全価値をおのれ自身のうちにもつものとして、それだけで光り輝くであろう。効用があるとか、逆に効果がないといったことは、この価値を増大させることもなければ、それを減少させることもない(8)。

つまり、善意志とは、それが何かを達成し実現するのに役に立つとか有用であるという点においてよいのではなく、意志するというただそのことにおいてよいのであり、この意味で「それ自体としてよい」とみなされなければならない。カントにとって、道徳的なよさとは、まさにこの善意志のよさを意味するのである。

理性の体系としての道徳

ところで、先に挙げたさまざまなすぐれた特性を備えた人間がそれでも「悪人」と呼ばれるのは、彼がそれらを「全体の幸福」という目的のためにではなく、利己的な目的のために使用するからであり、それゆえ、意志の善悪といっても、それは何を意志するのかという目的の側から規定されるのではないのか。このように問われるかもしれない。しかも、何を意志するのかということを離れて、意志するというただそのことにおいてよい意志というようなものはきわめて考えにくい概念でもある。この点についてカントはどのように見ているのであろうか。ヒュームの見解と対比させながら検討してみよう。というのも、カントはヒュームや道徳感覚学派[9]からきわめて大きな影響を受けながらも、それらの批判的検討を通して、最終的にはまったく対照的な倫理学を形成することになったからである。

道徳哲学においてヒュームとカントがもっとも対立するのは、道徳の起源および動機に関して理性の役割をどのように理解するかという点においてである。ヒュームによれば、道徳の起源は「人間性に依存する感情」に存しており、また道徳的善悪の区別は「快楽と苦痛というある特殊な感情」に依存している。[10]つまり、ある人の心や行為について考えたり見たりしたときに、われわれを満足させ快楽を与えるものが善であり、不快を与えるものが悪である。ある行為ないし心の性質が道徳的価値をもつか否かということ、すなわち道徳性は、なんらかの原理に従って理性によって判定されるのではなく、むしろ「感じられる」ものなのである。しかも、たんに私的な善ではなく、共感（sympathy）に基づいて他人の快楽を促進させる「公共善」（「人類の善」とか「社会の善」とも呼ばれる）を道徳的行為の目的として是認するかぎり、ヒュームもまた功利主義の陣営に属する。道徳における理性の役割は、この公共善を達成するための手段を計算し提示することに尽きるのであり、それ自身が善悪や正不正の基準を与えることはできない。また、理性だけではいかなる意志の働きにとっても動機とはなりえないし、それだけでは意志に対してどのような影響力をも及ぼしえない。「理性は情念の奴隷であり、またそれだけのものであるべきであって、理性は情念に仕え、従う以外になんらかの役目をあえて望むことはけっしてできない[11]」のである。

これに対して、カントによれば、幸福という目的を達成するための手段を案出することに関しては、理性よりも自然の本能のほうがすぐれているであろう。確かに、われわれは生活を便利にしようとしてさまざまなものを作り出してきたが、しかし、それらははたしてわれわれを本当に幸福にしてきたのであろうか。われわれの理性は、ある事柄から帰結することを十分に見通すことはできず、幸福への手段を理性によって求めようとするならば、われわれはいつまでたっても真の満足や心の安らぎを得られないのではないだろうか。人間を病気という不幸から解放しようとした科学技術が新たな生命倫理の諸問題を引き起こし、環境問題の技術的解決策が別の環境破壊を生み出し、情報革命が世界的規模での金融恐慌の元凶ともなるといった世界の現状を考えてみれば、確かにこの思いは深まる。

しかしながら他方で、われわれは理性を捨て、自然本能のままに生きるという意味で「自然に従って生きる」こともできない。すでに見たように、われわれ人間においては自然という概念がすでに人為を含んでいるからであり、たとえ文字どおり自然のままに生きることができ、かつその中で幸福を感じることができるとしても、それは蜂や蟻の世界の幸福にすぎないであろう。したがって、理性がわれわれの意志にかかわる能力として与えられているのは、決してたんに幸福に至る手段を計算し、それに基づいて意志を規定するためではないはずである。むしろ、このような「手段としてよい意志」ではなく、「それ自体としてよい意志」を生み出すことこそが、理性の役割であると考えなければならない。このようにカントは言う。

もちろん、理性が実際にこのような役割を果たすことができるかどうかについては、さらに検討しなければならない[12]。しかし、少なくともヒュームのように道徳の起源と原理とを感情のうちに求めるかぎり、たとえその感情がすべての人間に普遍的に存していると想定されうるとしても、道徳性の原理は経験的にのみ見いだされ、偶然性を免れず、それゆえ確実な道徳的判断の基礎とはなりえない。だがカントにとって、道徳哲学とは、あくまでも普遍性と必然性を備えた理性の体系でなければならない[13]。ここから、道徳性の原理を理性のうちに求め、理性の原理として定式化することがカントの課題となったのである。

第2節　定言命法の導出

義務にかなった行為と義務に基づく行為

問題を元に戻そう。行為の道徳的判定に際しては、行為を引き起こす意志のあり方が問われなければならない。これは、カントの基本的洞察であるとともに、ある意味ではわれわれの道徳的常識の考えでもあろう。というのも、前講で見たように、われわれは外面的には同じ一つの振る舞いでも、意志規定のあり方に応じて異なった行為とみなし、それゆえ異なった道徳的判断を下すことがあるからである。しかも、無制限によい意志、それ自体としてよい意志が何であるかは、それが何を目的としているかという観点から考察することはできない。その場合には、意志のよさは、依然として、目的に対して相対的に判定されることになるからである。言いかえれば、ここで問われなければならないのは、何を意志するかではなく、いかに意志するかということなのである。

ところでカントによれば、それ自体としてよい意志という概念は、すでにわれわれの「義務」という概念のうちに含まれている。次の例を考えてみよう。

【例題17】　政治家AとBとはいずれも賄賂の申し出を断った。だが、Aは賄賂を受け取ったことがあとで露見すると政治生命を失うことになるのを恐れてそれを拒否したのに対して、Bは賄賂を受け取ることが政治家としての義務に反すると考えてそうした。

この例において、確かに二人の政治家の行なったことは同じであるように見えるが、しかし両者の行為に対するわれわれの道徳的評価は明らかに異なるであろう。ここで評価の区別をもたらしているのは、両者における意志規定の根拠、つまりAの場合の「自己利益」という動機と、Bの場合の「義務」という動機の相違である。もちろん、賄賂を受け取らないということが政治家の義務であるとすれば、Aも義務に違反したわけではない。彼の行為は義務にかなってはいる。このように「義務にかなっている行為」をカントは「合法的行為」とも呼ぶが、しかしそのようにたんに合法的であるにすぎない行為に対して、われわれは道徳的価値を認めることはない。道徳的価値を認めることができるのは、Bのように義務を動機とした行為、「義務に基づく行為」に対してだけであり、このような行為をカントは「道徳的行為」と呼ぶ。つまり、善意志のよさとは、義務を動機とし、義務に基づいて行為を意志するという点に存する。このように、何を目的とし何を実現したかという点においてではなく、義務に基づくか否かという点において行為の道徳性を判定するという意味で、功利主義が「目的論的倫理学」と呼ばれるのに対して、カント倫理学は「義務論的倫理学」とも呼ばれることがある。

仮言命法と定言命法

道徳的価値をもつ行為とは「義務に基づく行為」であり、たんに合法的な「義務にかなった行為」とは区別される。しかしこの両者は、さしあたりは行為の形式に関する区別であり、何が道徳的義務であるかが明らかにならないかぎり、いかに行為すべきかを知ることもできない。世の中で「義務」と呼ばれているものがすべて道徳的義務であるとはかぎらないからである。例えば、兵役の義務が課せられている国家において、それを忌避することは確かに義務違反であるが、それは同時に道徳的な意味でもそうなのであろうか。少なくとも良心的兵役忌避が法的にも認められている国では、この件に関する法的義務と道徳的義務とは区別されている。それでは、それに基づいて行為した場合に道徳的価値が与えられる道徳的義務とその他の義務とはどのようにして区別されうるのであろうか。

カントによれば、義務とは「行為の客観的必然性」であり、ある一定の条件のもとにあるかぎり、すべての者がそれを行なわなければならないというところに、義務の形式的本質が存する。このような客観的必然性をもった行為は、われわれ人間に対しては「命令」として与えられざるをえない。それは、人間が「有限な理性的存在者」であって、確かに理性を有してはいるものの、感性の影響によって必ずしも理性の要求には従わないような存在者だからである。理性が「よい」と認識すること、例えば人の命を尊重することは、ときにそれに反する欲求をもつこともあるわれわれ人間に対しては、「汝殺すなかれ」という命令として与えられるのである。もっとも、この事態は道徳の問題にかぎらない。例えば、ある直線を二等分するための方法は理性によって洞察され、それに従えば必然的に直線が二等分されるという意味で、その手続きも客観的必然性をもっている。だがわれわれは、あらかじめその方法を知っているわけではなく、教えられても忘れることがあり、また面倒だからそれに従わないということもある。それゆえわれわれには、「直線を二等分するためには、両端から等しい半径の弧を描き、二つの交点を結べ」と命じられるのである。とはいえ、この種の行為の必然性は、それに従った行為に道徳的価値を与え、それに従わない行為から道徳的価値を奪うような客観的必然性ではない。算数の不得手な子供が、それだけで不道徳的であるというわけではない。

さてそうすると、行為の客観的必然性（義務）にも二つの種類が区別されうるのであり、カントによれば、それは行為を命ずる命令形式（命法）の区別に対応している。それが、「仮言命法」と「定言命法」である。

「仮言命法」とは、あらかじめ設定されたなんらかの目的を前提とし、その目的を実現するために必要な手段としての行為を命ずる命令形式であり、一般的には、「もし～（目的）を欲するならば、…（行為＝手段）せよ」と表現される。例えば、円に内接する三角形を描くためには何をしなければならないか、あるいは透明なコンソメスープを作るためにはどうしなければならないか、あるいは、ある病気を治すためにはどのような治療を施さなければならないかを指示する命令は、すべてこのような命令形式をとる。ここでは、前件における目的は、行為者の利益や願望・欲求に従って立てられ、後件においてその目的を達成するために有効な手段が示される。だが、後件において指示された行為は、なんらかの目的を実現するために有効であるという意味で「よい」行為にすぎず、目的を実現するための手段としての価値をもつにすぎない。それゆえ、この形式において命じられる行為は、たとえそれがなんらかの目的を達成するために不可欠であっても、その客観的必然性は条件つきの必然性なのであり、その行為の「よさ」は目的に対して相対的である。しかし、すでに見たように、道徳的価値が無条件的な価値であるならば、道徳的価値をもった行為はこの仮言命法という形式においては命じられえず、逆に、仮言命法という形式において命じられるかぎり、その行為に対して道徳的価値を与えることはできない。仮言命法という形式において命じられる行為のよさは条件つきであり、絶対的ではない。先の「例題17」における政治家Aの行為に道徳的価値が認められえないのは、その行為が他の目的のためになされた手段としての行為であるという形式的な理由からであって、その目的が「全体の幸福」ではなく「自己利益」にすぎないという実質的な理由からではなかったのである。

これに対して「定言命法」とは、行為以外のいかなる目的をも前提せずに行為そのものを命ずる命令形式であり、それゆえ端的に「～〔行為＝目的〕せよ」と命ずる。カントによれば、これがたんに「手段としてのよさ」ではなく「それ自体としてのよさ」をもつ行為を命ずる命法であり、「道徳性の命法」である。政治家Bは、政治家としての義務に反するという理由だけから賄賂の受け取りを拒否したとみなされるかぎり、その行為の目的はまさに行為それ自体であり、それ以外に目的はない。そのゆえに、彼の行為には道徳的価値が与えられるのである。ただし、仮言命法と定言命法の相違は、たんに言語表現上の区別に基づくのではなく、あくまでも命じられた行為がその行為とは別の目的を前提としているか否かによる。例えば、われわれは言葉の上では目的を明示せずに「窓を開けよ」と命ずることがあるが、しかしそこでは明らかに「部屋の温度を下げる」とか「空気を入れ換える」といった、行為とは別の目的が、しかも行為者の欲求に基づく目的が前提されているのであり、さもなければ、そのような命令は理解しがたいであろう。それゆえ、この命令は仮言命法に属する。他方、「約束を守ろうとするならば、そのお金は返さなければならない」という命令は、一見したところ仮言命法のように見えるが、しかし「お金を返す」という行為は、それとは別の「約束を守る」という目的のために命じられているのではない。ここでは「お金を返す」ことがまさに「約束を守る」ことにほかならないからである。しかも「約束を守ろうとするならば」という表現は決して行為者の私的な欲求を意味しているのではなく、約束の遵守が義務であることを思い起こさせ、その遵守を促す修辞的な表現にすぎない。この意味で、この命令は、「人から信用されたいと思うならば、借りたお金は返さなければならない」といった仮言的な命令とは区別されなければならない。後者において命じられている行為は、信用を得るという目的のための手段とみなされているからである。

格率と法則

ところで、われわれの行為は決してたんに命令されただけでは生じない。命令は行為者によって受け入れられ、彼の行為の指針となることによってはじめて行為として発現する。たとえ命令されることによって直接なんらかの振る舞いが生じたように見える場合でも、少なくともそこには命令を受け入れる意志が働いているはずである。さもなければ、われわれはそのような振る舞いを、道徳的責任を帰することのできる「行為」とみなすことはできない。したがって、外面的には同じ一つの振る舞いに対して道徳的価値の異なりをもたらすのは、このような行為の指針ないしは原則であると考えられる。

再び「例題17」に即して考えてみるならば、政治家Aは「自分の利益を最大限考慮する」といった原則をもち、賄賂を受け取ったことが露見すれば政治生命が危うくなり、自分の利益が損なわれるという判断を介して、「賄賂を拒否する」という行為が生じたとみなされうる。これに対して、政治家Ｂは「政治家としての義務を遵守する」という原則をもち、賄賂を受け取ることは政治家としての義務に反するという判断を介して、「賄賂を拒否する」という行為が生じたとみなされうる。すなわち両者においては、その行為を導き出す原則が異なっているのである。このような「行為のための主観的原則」をカントは「格率」（Maxime）[14]と呼ぶ。つまり、政治家Ａの行為と政治家Ｂの行為が道徳的価値を異にするとすれば、それは両者における格率の相違に由来するということである。

だが、格率とは行為のための「主観的原則」であり、行為者が任意に立てる原則にすぎない。われわれは実にさまざまな内容をもった原則を立てることができるのであり、そのいずれもが道徳的価値をもつとはかぎらない。それでは、道徳的価値が認められる格率とは、いったい、どのような格率なのであろうか。

まず第一に、「義務に基づく行為」のみが道徳的価値をもつのであるから、それに従った行為に道徳的価値が認められうるような格率は、それ自体、「義務」を表現していなければならない。ところで、義務とは行為の「客観的必然性」であった。カントはこのような客観的必然性を表現する命題を「法則」（Gesetz）と呼ぶ。例えば、「ある直線の両端から等しい半径の弧を描き、その交点を結ぶならば、直線は二等分される」というのは一つの法則の表現であり、ここで規定されたやり方に習熟すればいつでも直線を二等分することができるがゆえに、この種の行為を指令する命令は「熟練の命法」とも呼ばれた。もちろん、法則には、このような数学の規則やいわゆる自然法則（記述的法則）だけではなく、われわれの振る舞いを規定する法律や道徳法則（指令的法則）も含まれる[15]。

したがって第二に、われわれの格率が道徳的であるためには、それはたんなる主観的原則にとどまるのではなく、客観的法則の表現でもなければならない。しかも、行為の道徳性は、いかなる目的のもとで何を行なったかという行為の実質に即してではなく、その行為がなんらかの目的のための手段として行なわれたのか、それとも行為それ自体が目的なのかという、目的との関係における行為の形式に即して判定されなければならない。そうだとすれば、格率の表現すべき客観的法則も、決してなんらかの実質的な法則ではなく、いわば法則の形式でなければならない。むしろ、格率は一定の内容をもつものであるかぎり、実質的な法則を表現することはできない。行為の主観的な原則である格率をそれ自体、実質的な法則とみなすことは、無反省な絶対化にすぎない。したがって、道徳的価値をもつ行為を導きうる格率は、行為の実質を表現しながらも法則の形式をもつものでなければならない。

ところで、さまざまな内容をもった自然法則が存在し、さまざまに異なる法律が存在するにもかかわらず、しかも前者はなんらかの事態を記述し、後者は指令するという重大な相違があるにもかかわらず、両者がいずれも「法則」と呼ばれうるのは、「普遍性」ないし「普遍妥当性」という共通の形式的本質を有するからにほかならない。自然法則とは、ある一定の条件のもとでいかなる事態が普遍的に生ずるかを記述するものであろうし、ある一定の条件のもとにおかれている人間が普遍的に従わなければならない事柄を規定するのが法律であろう。普遍性ないし普遍的な適用可能性が、法則一般の形式的徴表なのである。

それゆえ、われわれの行為の主観的原則である格率が道徳的価値をもつためには、それは普遍性という客観的法則の形式を備えていなければならない。つまり、格率は、普遍性という形式を備えているときに法則としての資格が与えられ、その格率に従って生起した行為に対して道徳的価値が与えられうるのである。

ここからカントは、「私は、私の格率が普遍的法則となるべきことを私はまた意欲することができる、という仕方でのみふるまうべきである」[16]と語ることになる。これが、道徳性の命法としての定言命法の最初の定式化である。

【例題18】　われわれは、苦境に際し、嘘をついて困難を切り抜けようとすることがある。だが、この嘘はまた、われわれをしばしばより大きな苦境に立たせることにもなりかねない。しかも、嘘をつき通すためには非常に大きな努力を必要とする。それゆえ、われわれはいつでも嘘をつかないという習慣を身につけ、それを格率（主観的原則）として生きるほうがよい。このように考える人はいったいどのような命法に従っているのであろうか。

［注］

（1）ディオゲネス・ラエルティオス『ギリシア哲学者列伝』上、三九頁。

（2）内山勝利編『ソクラテス以前哲学者断片集』第Ⅰ分冊、一二七頁。

（3）『新約聖書』、「マタイによる福音書」七・一二、「ルカによる福音書」六・三一。

（4）『論語』、衛靈公第十五。

（5）カント『道徳形而上学の基礎づけ』、一三一頁の「註」参照。

（6）ショー『人と超人』（*Man and Superman*, 1903）の付録「革命主義者のための格言」（Maxims for Revolutionists）より。ここには、「おのれのごとく汝の隣人を愛してはならない」とか、「黄金律など存在しないというのが黄金律だ」という言葉も見える。ただし、管見のかぎり、邦訳ではこの部分は訳出されていない。
（7）カント、前掲書、二二五頁。
（8）同書、二二八頁。
（9）道徳感覚（モラル・センス）学派とは、人間の本性のうちに道徳的な善悪や正不正を感受する能力（道徳感覚）を想定し、この感覚ないし感情のうちに道徳の原理や道徳的評価の基準、および行為の動機を基礎づけようとした人々であり、シャフツベリやハチスンが代表者である。また、ヒュームはその有力な後継者の一人である。
（10）ヒューム『道徳原理の研究』、一四一頁、『人性論』、五二一頁参照。
（11）ヒューム『人性論』、五一四頁以下。
（12）この問題は第12講で取り上げる。
（13）カント、前掲書、一四頁以下参照。
（14）“Maxime”とは三段論法における大前提を指す言葉であり、ここから、個々の行為の根底にあるとみなされる主観的原則を意味することになる。
（15）英語やドイツ語、フランス語などにおいては、「法則」も「法律」も同じ言葉で表現される。
（16）カント、前掲書、五〇頁。

第8講　普遍化可能性の原理

第1節　定言命法の論理

定言命法の基本方式

道徳的なよさである無条件的なよさは、法則の普遍性という形式によって自らを規定する意志のうちにのみ見いだされる。現代の多くの倫理学者の表現に倣うならば、行為の道徳性はその格率の「普遍化可能性」に存する。これが、無条件的なよさを問うというソクラテスの課題に対するカントの答えである。しかもカントによれば、これは、われわれの道徳的常識のうちにすでに含まれている考え方なのである。

確かに、われわれの道徳的常識は、他人の幸福のために尽くすことを是認する。だがそれは、ただちに幸福が道徳の第一の目的であることを意味するのだろうか。もし幸福という目的の追求がそれ自体として道徳的であるとすれば、われわれが自分の幸福ではなく、むしろ他人の幸福を優先させるような人々に道徳的価値を認めがちなのはなぜであろうか。ソクラテスやアリストテレスといった古代の哲学者たちによって指摘されるまでもなく、われわれは誰もが幸福になりたいと願っている。しかし、すでに見たように、自分の幸福であっても、また他人の幸福ですら、その実現を図ることは無条件には是認されえないということもまた、われわれの道徳的常識の判断であろう。にもかかわらず、われわれが他人の幸福の促進を一般的に是認するとすれば、それは、他人の幸福への欲求をかなえることがそれ自体でよいからというよりはむしろ、自分も幸福を欲し、他人から幸福になることをしてほしいと願っているからこそ、他人の幸福の促進を優先させることがその人間の公平さを証している、と考えるからではないのだろうか。つまり、公平さが道徳的な原理として是認されうるからこそ、他人の幸福の促進がこの原理にかなったものとして認められ、称賛されるのではないだろうか。

功利主義者のミルもまた、自分の幸福か他人の幸福かを選ぶときには、利害関係をもたない善意の第三者のように厳正中立であれ、と要求していた。だがミルにおいては、こうした意味での公平さへの要求は、幸福の総量の増大という目的に従属させられており、決して公平さそれ自体に道徳的価値が認められているのではない。それゆえにこそ功利主義者は、事情によっては、少数者の幸福の抑圧を道徳的に是認する帰結を導き出さざるをえない。これに対してカントは、幸福という実質ではなく、普遍性という形式こそが道徳性の第一の要求であり、普遍性という形式によって規定された意志にのみ道徳的価値が存する、と分析する。カントにおいては、幸福への要求は公平さという意味での普遍性への要求に従属させられなければならないのである。

われわれの道徳的常識によれば、行為の道徳的なよさや正しさは、行為者の欲求や傾向性といった主観的条件に左右されてはならない。誰かが何を欲求するがゆえにそれを達成することがその人にとって好都合であるとか快いという意味でのよさは、なんらかの欲求を前提するという意味で相対的であり、当の欲求が消滅すれば欲求されたものの価値も消滅する。道徳的なよさが絶対的であるとすれば、その探究は、こうした欲求や傾向性に関する考察からはまったく切り離され、意志がいかなる仕方で規定されるかという点に即してのみ行なわれなければならない。しかも、何を欲求する場合に意志はよいと言えるかといった、意志規定に関する実質的な考察が排除された以上、道徳的な意志規定の根拠として残るのは、普遍性という法則の形式だけである。われわれの格率が、確かにそれ自体実質的でありながらも、同時に普遍性という法則の形式を表現していなければならないということ、つまり、道徳性は格率の普遍化可能性に存するということ、われわれのこうした道徳的常識のうちに含まれている原理を定式化したのがカントの定言命法であり、その基本方式は『基礎づけ』において次のように表現されている。

汝の格率が普遍的法則となることを、その格率を通じて汝が同時に意欲することができるような、そのような格率に従ってのみ行為せよ。(1)

定言命法の解釈(1)——意図と結果の矛盾の禁止

定言命法とは、カントが唯一道徳的価値をもつと認めた行為の型である「義務に基づく行為」を命じる命令形式である。それゆえ、ある行為の主観的原則である格率が同時に客観的な道徳的義務をも表現しているのか否かということは、この定言命法に即して確認されることになる。それでは、この義務の確認は実際にはどのようにして行なわれるのであろうか。カントが論じている一つの例に即して検討してみよう。

【例題19】　私は、金に困っていると思うときには、とても返せないとわかっていても、返すと約束して金を借りることにしよう。(2)

このような原則のもとで行為する人は、われわれの常識に照らして明らかに不道徳的である。それでは、この格率はいかなる意味で定言命法の要求に反しているのであろうか。これに関してはいくつかの解釈がありうる。

一つの解釈によれば、この格率はその普遍的適用において格率の意図と結果とが矛盾し、それゆえに普遍化不可能である。すなわち、私だけではなく、すべての人がこの格率を原則として採用し、これが普遍的法則となるならば、誰もが金に困ったと思うときには守るつもりのない約束をして金を借りようとすることになる。しかしその結果、少なくとも借金に関する約束はもはや約束としては成立せず、誰にとっても返済の約束をして金を借りることは不可能になるであろう。だが、この格率の意図はまさに金を借りることにあった。それゆえ、この格率が普遍化されるならば、格率の意図と結果とが矛盾する。この点に、この格率の不道徳性が存する、というわけである。この種の議論は、「みんながそうしたらどうなるか、考えてみよ」という言い方でわがままを咎める際に、われわれが実際に用いているものである。

ところが、ヘーゲル（Georg Wilhelm Friedrich Hegel, 1770-1831）という哲学者によれば、定言命法のこのような解釈では、われわれの道徳という概念を十分に解明することはできない。次の例を考えてみよう。

【例題20】「汝らのもてるものを貧しき者に与えよ」という慈善のすすめは、すべての人がこれに従った場合には、まさに与えるべきものがなくなり、あるいは貧者が消滅するために、慈善行為そのものを不可能とする。したがって、もし格率の普遍化における意図と結果の無矛盾性が道徳性の徴表であるとすれば、このような行為は不道徳的であることになろう。(3)

もしこの慈善の格率が偽りの約束の格率と同様の仕方で普遍化不可能であり、それゆえ不道徳的であると解釈されるならば、明らかにこのような解釈は不十分であるか誤りであることになろう。つまり、偽りの約束の格率が定言命法の規定する義務に反しているとしても、それは意図と結果が矛盾するという理由からではないことになる。

定言命法の解釈(2)——行為に内在する矛盾の禁止

それでは、格率の普遍化可能性とは、どのように解釈されるべきなのであろうか。「偽りの約束」の格率に戻るならば、この格率が普遍的法則となったときに、もはや借金の返済という約束が約束として成立しなくなるのは、そもそも、その約束の言葉が矛盾を含むということが明白だからではないだろうか。つまり、この格率においては、借金を返済するという約束の言葉は、一方では（言葉の上では）「守るつもりである」という規定を与えられながら（約束するということは、本来このことを意味する）、他方では（心の中では）「守るつもりがない」という規定を与えられている。つまり、「偽りの約束」という行為はそれ自体矛盾を含んだ行為なのである。

一般に、「嘘をつく」という行為は、矛盾律という論理学的な原理を犯している。嘘とは、「舌にのぼすことと胸におさめてあることが別々である」[4]と言われ、一つの言葉に、「真実である」という規定と「非真実である」という規定が同時に与えられた言明だからである。[5]それゆえ、偽りの約束をすることや嘘をつくことは、確かに、それ自体のうちに矛盾を含んだ行為である。だがそれでは、いかなる場合にもそのような行為は倫理的に禁止されるべきなのであろうか。確かに、カントは次のように主張するのではあるが。

> **【例題21】**　君の友人が刺客に追われて君の家に逃げ込んできた。やがてその刺客が戸口にやってきて、あの男がここに逃げ込んでいないかと尋ねる。このような場合でも、君は嘘をつくべきではない。何かを語る際に「誠実（正直）」であるということは、理性の無条件な命令であり、それゆえ、もし君が嘘をついたために刺客が別の罪を犯したとすれば、その責任は嘘をついた君にもある。[6]

こうしたカントの立場は、「真実を語ることは、真実に対する権利をもつ人に対してだけ義務である」と考える人々によって、硬直した律法主義であるとか厳格主義であるとして批判されつづけてきた。それでは、この後者の原則はそれ自体として納得のゆくものであろうか。この原則を採用する場合、われわれは誰が真実に対して権利をもつかをあらかじめ定めておかなければならない。しかしそのときには、まさにそれゆえに嘘は嘘としての効力を失うであろう。真実に対する権利をもたないと規定された人が、語られた言葉を真実と受け取ることはありえないからである。またこれを避けるために、真実に対する権利をもつという基準の設定を個々の行為者に委ねるならば、この原則は恣意的な嘘を際限なく許容することになろう。自分の利益を得るためにだけではなく、所属する組織を守るという名目でもいかに多くの嘘が語られてきたかを考えるならば、原則において嘘に対する例外を許容しないというカントの態度も、それなりに理解できるのではないだろうか。(7)

しかしそれにしても、いかなる嘘をも許容しないということは、定言命法からただちに帰結することなのであろうか。もし「いかなる場合にも」という普遍的規定が含まれているからこの格率は普遍化可能であるというのであれば、これは本末転倒であろう。偽りの約束の格率ですら、それが原則であるかぎり、金に困った場合には「いつでも」偽りの約束をして金を借りるという普遍的規定を含んでいるのであり、定言命法はまさにこの原則を吟味するよう要求しているのである。実際、プラトンが言うように、たとえ約束であっても、人を殺そうとしている狂人に武器を返却するというようなことは正しいことではないであろう。(8) 偽りの約束にしても、定言命法に即して吟味されるべきは、まさにその格率なのである。

定言命法の解釈⑶──意志の自己矛盾の禁止

さて、先に挙げた定言命法の基本方式を子細に読み取るならば、われわれはこれが実際には次の二つの事柄を要求していることに気づく。一つは「格率が普遍的法則となること」であり、もう一つは「このことを、その格率を通じて意欲しうること」である。もし、偽りの約束をすることや嘘をつくことが、たんにそれらが矛盾を含むという理由だけで道徳的に禁止されうるのだとすれば、定言命法は前者を要求するだけで十分なはずである。それでは、「格率が普遍的法則となることを、その格率を通じて意欲しうること」という要求はいったい何を意味しているのであろうか。

まず、第一の要件が示すように、「偽りの約束」の格率が普遍的法則となるならば、この格率を採用する人は、「誰もが偽りの約束をして金を借りてもよい」という原則pを主張していることになる。他方彼は、その意図を達成しようとするかぎり、約束という制度が存在し、約束が守られる社会を前提としなければならない。約束という制度が存在する社会でのみ、約束を破るという行為は意味をもつからである。したがって彼は、この格率を採用し、その意図を達成しようとするかぎり、「誰もが任意に偽りの約束をして金を借りたりしてはならない」という原則qを主張しなければならない。

ところで、「誰もが偽りの約束をして金を借りてもよい」という原則pを単独で主張することは必ずしも不可能ではない。確かに、誰もがこのようなことを行なうならば、少なくとも借金に関する約束は不可能になるであろうし、借金のできない社会はかなり不便であるかもしれない。しかし、ローン地獄のことなどを考えるならば、このような社会を意欲することがただちにそれ自体で間違っているとも言えないであろう。だが、いま見たように、「偽りの約束」の格率を採用して金を借りようとする者は、必然的に「誰もが任意に偽りの約束をして金を借りたりしてはならない」という原則qを支持せざるをえない。そして、この原則qを支持するかぎり、彼は同時に原則pを主張することはできない。それは論理的に不可能である。なぜなら、pとqを同時に主張しようとすれば、意志はまさに両立不可能な原則を主張するという自己矛盾に巻き込まれることになるからである。つまり、この格率は定言命法の要求の第二の要件を満たすことができないのであり、この点にこの格率の普遍化不可能なゆえんがある。ここで生じている矛盾は、もはやたんに意図と結果の矛盾でも、行為そのものに内在する矛盾でもなく、この格率を普遍的法則として意欲しようとする際に生じてくる意志の自己矛盾である。もちろん、この格率を文字どおり自分にだけ妥当する主観的原則にすぎないとみなすならば、このような意志の矛盾は生じない。だが、このときには、普遍化可能性が道徳性の要件であるかぎり、この格率を道徳的に正しいと主張することもできないのである。

偽りの約束の格率は、一方で約束の遵守を普遍的法則として前提しながら、他方で自分だけを、あるいはこの行為だけを例外化する。それゆえ、この格率はそれ自体として普遍化不可能である。このように、定言命法が規定する道徳性の要件としての格率の普遍化可能性とは、行為の道徳的正当化の場面で問われる意志の無矛盾性を意味するのであり、道徳性の原理ないし基準としての普遍化可能性の拘束力の源泉は、「矛盾律」という論理学的原理のうちに存している。つまりここでは、「倫理」はその基礎を「論理」のうちに有していることになるのである。ここから、なぜ公平さの理念を表現した黄金律が多くの社会において道徳の最高の原理とみなされてきたのか、ということも理解できるであろう。われわれが自分自身をも含めて人々を公平に取り扱わなければならないのは、たんに人々が公平に取り扱ってほしいという欲求をもっているからではなく、不公平な取り扱いが怨恨や嫉妬を引き起こし、ひいてはわれわれ自身にも不利益をもたらすからでもない。あるいは、それが神の命令であったり、自然界を支配している理法であるからでもない。むしろ、不公平な取り扱いを行為の原則として採用すれば、われわれ自身の意志のうちに論理的な自己矛盾が生じるのであり、それゆえにこそ、これを禁じる掟が神の命令と理解され、自然の理法とみなされてきたのであろう。

カントはこのようにして、ソクラテスの求めた無条件的なよさを、「それ自体としてのよさ」をもつ行為の命令方式である「定言命法」という表現にもたらした。こうした洞察は、いま見たような意味で、「倫理学の論理化[9]」と評価されるのである。

第2節　普遍化可能性の原理の限界

形式的原理

格率の普遍化可能性とは、一般に、行為の主観的原則である格率が普遍的に適用されたときに矛盾をきたさないということを意味する。例えば、自分の利益を最優先する利己主義的な原則に従えば、同じ一つの行為でも、自分が行なったときには正しいと判断し、他人が行なったときには正しくないと判断せざるをえないであろう。前者は自分の利益になるのに対し、後者は自分の利益を損なうからである。そのような判断は、確かに自己利益の追求という点では首尾一貫しているとしても、そうした判断を導く原則そのものは自他に対して普遍的に適用されているのではない。自己利益の追求という原則は、普遍的に適用されるならば、まさに自己利益を損なう行為をも是認せざるをえないが、しかし利己主義者は利己主義者であるかぎり、このことを許容できない。一般に利己主義が不道徳的とみなされるのは、われわれがこのような意味での不公平さをそこに見て取っているからであろう。定言命法は、この種の利己主義がまさに論理的に不可能であると断ずる。

それでは、格率の普遍化可能性という原理を表現する定言命法の基本方式は、これだけであらゆる倫理的問題に関して最終的に善悪を判定しうる基準を提示していると考えることができるであろうか。先にわれわれは、ヘーゲルが「慈善の格率」を例にしてカントの定言命法を批判したことを見たが、この批判の趣旨は、普遍化可能性という形式的原理だけでは具体的な義務を認識することはできないというところにあった。彼によれば、例えば私的所有という制度を前提とすれば、確かにわれわれは盗みが普遍的に行なわれることを意欲することはできない。だが問題は、このような所有という制度それ自体が道徳的か否かということである。しかし、この問題について定言命法は何も語ることができない。定言命法は、道徳について抽象的で形式的な解明を与えたにすぎないのである[10]。

もちろん、すでに見たように、「偽りの約束」の格率は、それ自体のうちで借金に関する約束という制度を前提せざるをえず、それゆえ、この格率を普遍的法則として意欲することは論理的に不可能である。そのかぎりで、この格率に従った行為は、借金に関する約束という制度そのものの道徳的な是非とは無関係に禁止されうる。しかしジンメル（Georg Simmel, 1858-1918）によれば、普遍的法則と考えられた場合に自己矛盾を含む格率が不道徳的であるということは、自己矛盾を含まない格率がすべて道徳的であることを、まさに論理的に含意するわけではない。普遍化における格率の無矛盾性は「道徳的最低条件」[11]にすぎないのである。

しかも、普遍化可能性という要件は、必ずしも道徳的判断に特有のものではなく、むしろあらゆる判断が、それが理解可能なかぎりにおいて備えていなければならない形式的条件でもある。例えば、ここにまったく同じ絵の複製が二点あり、左右に並べられているとしよう。このとき、光線のあたり具合など、その他の条件が等しいにもかかわらず、ある人が右の絵のほうが好きだとか左の絵のほうがよくできていると言うならば、われわれはその言葉をほとんど理解することはできないであろう。趣味判断や美的判断ですらこのような意味で普遍化可能でなければならないとすれば、確かに普遍化可能性という形式的原理は、それだけであらゆる道徳的に妥当な判断（格率）の条件を尽くしているとみなすことはできないように思われる。この点に関して現代の議論を参照してみよう。

マッキーの定式化

道徳的判断は普遍化可能であるということ、それゆえ、ある行為が道徳的に正しいとか間違っていると主張する人は、そのことによって、重要な点で類似したいかなる行為についても同じ判断を下すという言質を与えることになるということ、このことは現代の多くの倫理学者も認めるであろう。J・L・マッキーもまたそのような論者の一人である。彼は、「黄金律」として古来より道徳の基礎的原理とみなされてきた普遍化可能性の原理を次の三つの方式に定式化して、道徳の議論におけるその地位を確定しようとするが、それは同時に、この原理の限界を見定める試みでもある[12]。

普遍化の第一段階の原則は、「数的差異を度外視すること」である。すなわち、ある個人と他の個人が、たんに別の人間であるという理由だけで異なっていることを、この二人に対して別々の判断を下す理由にはしない、ということである。私がTという名前をもち、あなたがYという名前をもつという点でのみわれわれが異なっているのであれば、私が行なったときには正しいと判断し、あなたが同じことを行なったときに正しくないと判断してはならない[13]。例えば、かつて日本軍の兵士として戦った人々に対して戦争補償を行なうのであれば、その出生地や現在の居住地によって支給を差別するような措置を「道徳的」と呼ぶことはできない。だがマッキーによれば、この原則だけでは、われわれが通常「道徳」という言葉によって理解しているものの正しい分析は得られない。というのも、この原則においては、どのような差異を度外視し、あるいは重要なものとみなすかについて、実質的な拘束は何もないからである。したがって、日本政府による戦争補償であるという点を考えるならば、現在日本国籍を有していることと他の国籍を有していることとの間には明らかに重要な相違があり、それゆえ両者を違った仕方で取り扱ったとしても不当ではない、と理解することもできよう。

このように、関係する事態に性質上の差異がある場合には、第一段階の要件は必ずしも十分ではなく、ときには不公平を助長することすらある。例えば、多額の収入や資産がある人と、病弱で働くことのできない人に同じような社会医療費の支払いを求めることは、実際、不公平であろう。このようなときには、第二段階として「自分を他人の立場に置いてみること」が必要である[14]。すなわち、自分を、かつて植民地として支配され、強制的に他国のために徴兵された人間の立場に置いてみて、なおかつ現在の国籍が異なることを理由に、補償を拒むということが妥当であると主張できるか、あるいは男性が自分を女性の立場に置いてみて、なおかつ性が異なることを理由にしたさまざまな制度的差別を妥当であると認めることができるか、ということである。もしこのとき、もとの判断を維持することができなければ、その判断は普遍化不可能とみなされなければならない。

しかし、このように自分自身を他人の立場に置き、自分にしてほしいことを他人にも行なうという原則が妥当な道徳的帰結をもたらすのは、すでにバーナード・ショーが洞察していたように、自他の欲求が等しい場合にかぎられる。人々の間で欲求や価値観が異なる場合には、この第二段階の原則でも不十分であるように思われる。次の例を考えてみよう。

【例題22】　かつて「ナチ」と呼ばれた人々は、ユダヤ民族をこの世から抹殺してゲルマン民族の世界支配を打ち立てるという理想を抱いていた。さて、たいていのナチは、ものごとを誠実に考えさえすれば、「普遍化可能性」の第二段階のテストを通過できないであろう。自分自身をユダヤ人の立場に置いてみて、なおかつユダヤ民族（ひいてはユダヤ人である自分自身）を抹殺すべきであると主張しうる者は、ほとんどいないだろうからである。しかし、なかにはほんの少数ではあろうが、狂信的なまでにナチズムの理想を信奉している人がいて、彼は、たとえ自分自身がユダヤ人であったとしても、ユダヤ民族を抹殺することは正しいと、まさに誠実に主張しうるかもしれない。なんらかの理想を信奉するのは、それが自分自身の利益になる場合にかぎられるわけではないし、理想に殉ずるということもありうるからである。だがそうすると、このような人は、ナチズムの理想の実現のために抹殺されるべきユダヤ民族という原則から自分自身だけを例外化しているわけではなく、それゆえ、ユダヤ民族は抹殺されるべきであると主張する彼の意志のうちに矛盾は生じていないように見える。(15)

同じようなことは、例えば、重度の身体障害児を産む可能性の高い遺伝子をもつ人が、社会医療費の高騰を憂慮して子供を作ることを自粛したうえで、同じ遺伝子をもつ他の人々にもそれを禁止しようとする場合、あるいは、旅客輸送の社会的使命感に基づいて自分も列車騒音に耐えている鉄道会社の社長が、沿線の住民にもそれを強いる場合などにも当てはまる。彼らは、自分自身だけを例外化しているのではないかぎり、その格率を普遍化しても彼らの意志のうちに矛盾は生じないように見えるのである。しかしそれにもかかわらず、われわれの道徳的常識はこのような議論を決して健全なものとはみなさないであろう。こうした事例において「自分を他人の立場に置いてみる」という原則がうまく機能しないのは、たとえ自分を他人の立場に置いたとしても、その自分は依然としてもとのままの欲求や理想を保持しつづけているからにほかならない。だが、本来の意味で他人の立場に身を置くということは、まさにその他人を彼自身の欲求や価値観に即して考慮するということであろう。

そこで、普遍化の第三段階として、われわれには「自分自身のとは異なった趣味や対立する理想を考慮に入れること」が要求される。つまり、自分の観点と他人の観点の両方からものごとを考察し、両方の視点から受け入れることができるような行為の指針を見いだすことである。例えば、たとえ社会医療費の高騰が憂慮されるとしても、どんなに障害があっても子供を育ててみたいという人の欲求を考慮に入れ、できるだけそれを尊重するということである。しかしマッキーによれば、この普遍化の第三段階の原則が、すべての人の趣味や理想を等しく考慮せよと要求しているのであれば、この原則によって実践的な問題に対して拘束力のある答えを与えることはほとんど不可能となる。なぜなら、多くの場合、関係者すべての趣味や理想を過不足なく満足させることはできないし、そもそもわれわれの道徳の論理が要求しうるのは、せいぜい第一段階の「数的差異の度外視」という原則だけであって、他人の趣味や理想を尊重せよというのは、すでにそれ自体、実質的な道徳的要求にほかならないからである。いったい、ナチズムを信奉している人に対して、ユダヤ人の利益や理想を考慮に入れることが道徳的な義務であるという議論を、どのように説得的に構成することができるであろうか。そもそも、第一段階の原則においてすら、度外視され、あるいは重要視されるべき性質的差異を、普遍化可能性という道徳の論理だけから導き出すことはできない。だが、現実の倫理的諸問題の解決において必要なのはまさにこの点に関する判断なのであり、普遍化可能性の原理はここではきわめて限定された役割しか果たすことができないように見えるのである。

【例題23】　わが国の男女雇用機会均等法は、女性に対する深夜労働の禁止条項を撤廃したが、これに対しては反対意見もある。労働という問題に関して、男女の性質的な差異はいったいどのように考慮されるべきなのであろうか。

［注］

（1）カント『道徳形而上学の基礎づけ』、一〇四頁。『実践理性批判』では、「汝の意志の格率が、つねに同時に普遍的立法の原理として妥当することができるように行為せよ」（同『実践理性批判』、七七頁）と定式化されている。

（2）カント『道徳形而上学の基礎づけ』、一〇九頁以下参照。

（3）ヘーゲル『哲学史講義』下巻、四二七頁参照。
（4）カント『人倫の形而上学』、五八七頁参照。
（5）それゆえ、状況から見てその言葉が非真実であることが明白な場合、例えば「エイプリル・フール」の日にとてつもない法螺を吹くことは――たとえその言葉自体は非真実を語っているとしても――「冗談」であって「嘘」ではない。
（6）カント「人間愛からならうそをついてもよいという誤った権利に関して」、二二九頁以下参照。同『人倫の形而上学』、五九一頁参照。
（7）この問題については、第13講で再度取り上げる。
（8）プラトン『国家』331C、三二一頁参照。
（9）ジンメル『カント』、一六一頁。なお、上記の定言命法の解釈については、同書第9講の一五七頁以下参照。
（10）ヘーゲル、前掲書、四二四頁以下、ジンメル、前掲書、一六三頁以下参照。
（11）ジンメル、前掲書、一六三頁。
（12）マッキー『倫理学』、第四章「普遍化」、一一九頁以下参照。
（13）これは、前講で見たタレースの言葉、すなわち「他人に対して非難するようなことを自分で行なってはならない」という言葉に含まれている原則である。
（14）これは、言うまでもなく、イエスや孔子の言葉に含まれている原則である。
（15）ヘア『自由と理性』、二二三頁以下参照。

第9講　人格性の原理

第1節　人格概念の由来

人格――絶対的価値の担い手

これまで繰り返し述べてきたように、倫理学の課題は、ソクラテスがわれわれに残した「無条件的なよさ」に関する問いを問うことである。この課題に対してカントは、手段としてのよさ、すなわち相対的なよさをもつのではなく、それ自体としてのよさ、この意味での絶対的なよさをもつ行為が「定言命法」という形式においてのみ命じられるということを見いだし、この定言命法のうちに道徳性の原理を求めようとした。これは、前講で確認したところによれば、行為の主観的原則である格率の普遍化可能性という原理である。われわれは、「われわれの行為の格率が普遍的法則となることを意欲することができるのでなければならない。このことが行為一般の道徳的判定の基準[1]」なのである。ところが、この基準は格率の形式を判定するだけの原理であり、格率の実質（目的）にはかかわらない。それゆえにこそ、推論の形式的な正しさがそれだけでは当の議論の実質的な正しさを保証しないのと同様に、形式的には普遍化可能な格率であっても、必ずしも道徳的な意味で妥当な格率であるとはかぎらないのである。

さて、行為はつねになんらかの目的をもつ。定言的に命じられる行為は、確かに、その行為とは別のなんらかの目的のための手段として命じられるのではないが、それでも行為それ自体が目的なのである。それでは、この行為の実質に注目した場合、定言命法は、われわれの行為の格率が道徳的価値をもつ条件として、いったい、どのようなことを要求しているのであろうか。もちろん、ここでの問題は、「全体の幸福」といった道徳的（と仮想された）目的を直接与えることではなく、いかなる目的のもとで行為しようとも、われわれの行為が道徳的でありうるための原理、すなわち実質に関する形式的な基準を与えることである。

ところで、もしわれわれに定言命法に従って行為することができるとすれば、つまり、われわれに無条件的な価値である道徳的価値を実現することが可能であり、総じて道徳的に行為することが可能であるとすれば、この世界にはたんに他のなんらかの意図や目的を達成するための手段としての価値（相対的価値）をもつものだけではなく、それ自体としてのよさ（絶対的価値）をもつものもまた存在していなければならない。さもなければ、われわれに与えられるのは、つねに手段的価値をもつにすぎない行為を命ずる仮言命法だけになってしまい、無条件的価値である道徳的価値の実現はついに不可能とならざるをえないからである。カントによれば、まさにわれわれのうちなる「人間性」がそれであり、その絶対的価値を担っているものが「人格」にほかならない。その他のものは、例えばいかに高価で貴重な宝石であろうとも、それはある人の欲求を満足させるための相対的価値をもつにすぎないのであり、ましてやそれを手に入れたり与えたりする行為は、決してそれ自体としてのよさをもつことはできない。本講では、この絶対的価値の担い手としての人格という観念が、われわれの格率の実質に対してどのような道徳的条件を与えているのか、という問題を考察してみよう。(2)

役割および役割の担い手としての人格

はじめに、「人格」という概念がどのような意味をもってきたかを概観しておこう。アリストテレスによれば、共同体は二人の医者から生ずるのではなく、医者と農夫から、一般的に言えば、異なった等しからざる者たちから生ずる。(3) つまり、共同体は多様な役割をもった人々から構成されている。だが、それだけではない。われわれはいくつもの役割を担いながら社会生活を営んでもいる。家庭においては「夫」や「父親」として、通勤の途中においては電車やバスの「乗客」として、職場においては「教師」として、あるいは論文を書いているときには読者に対する「執筆者」として、等々。そして、日常生活を円滑に営むためには、われわれは、自分の置かれたそれぞれの場において、それぞれの場にふさわしい役割を演じなければならない。論文の執筆中に「学生」が相談に訪れるならば、私は「教師」としてそれに応じなければならず、「妻」からの電話があれば、「夫」として対応しなければならない。われわれには、自分がそれぞれの場において担っている役割が何であるかを適切に判断し、その役割にふさわしい仕方で振る舞うことが要求されているのである。この判断を誤るならば、われわれは人生そのものを誤ることにもなりかねない。すでにローマの哲人は、「記憶しておきなさい、君は劇作家によって規定された演劇の役者であることを。……君の仕事は、割り当てられた役割（プロソーポン）をみごとに演ずることである[4]」と教えていた。

この「プロソーポン」というギリシア語が、人格概念の一つの源泉をなしている。「人格」という日本語は、直接には「ペルソナ」（persona）というラテン語に相当する翻訳語であるが、このラテン語はまた、学術的な用語としては、ギリシア語「プロソーポン」の翻訳語として使用されはじめた。つまり、「プロソーポン」とは、本来はギリシア劇で用いられる「仮面」を意味し、そこから「役割」という語義が派生したと考えられるが、同じく仮面という語義をもつ「ペルソナ」が、それに対応する術語として使用されたのである。

しかし、確かに、われわれは生きているかぎり人生という舞台から降りることはできず、なんらかの役割を演じつづけなければならないとしても、そうした役割の一つと、あるいは役割の総体とですら、それを演ずる自分自身とを完全に同一視することもできない。私は妻の「夫」であり、学生の「教師」であるにしても、「私」そのものはそれらのいずれの役割とも異なっており、また異なっているがゆえにいずれの役割をも演ずることができるのではないだろうか。「妻」を失い、大学を退職して「学生」を失うことによって、「夫」や「教師」の役割を失ったとしても、文字どおりの意味で私が「私」でなくなるわけではない。むしろわれわれは、こうした役割を担っているものこそが本当の意味での「私」であると感じているように思われる。もしそうであるならば、人間の本質を言い表わすものとしての「人格」という言葉も、たんなる「役割」だけではなく、むしろ「役割の担い手」をも意味していなければならないであろう。

実際、「ペルソナ」という言葉は、たんに仮面や役割を意味する「プロソーポン」との対応においてだけではなく、同時に、さまざまな性質の変化をこうむるが、しかしそれ自体は変化しない「基体」ないし「実体」を意味するギリシア語の「ヒュポスタシス」という言葉との対応においても理解され、そのような意味を表わす概念として使用されてきた。そして、このような役割の担い手、行為の主体としての人格の人格たるゆえんを「理性」に求め、理性を「自由」の原理とみなして、そこに人間の尊厳の由来を求める観点は、ヨーロッパの伝統における支配的な見方であった。ローマ末期の哲学者ボエティウス（Boethius, *c*.480-524/5）の「理性的本性を有する個体的実体」（naturae rationalis individua substantia）という有名な人格の定義のうちには、すでにこうした見方が示されている。(5) このような理性的な個体的実体としての規定が、後世において法的ないし道徳的責任の主体としての人格という概念に受け継がれることになる。(6)

ロックの人格概念

近世における人格概念の形成史においてもっとも重要なのは、ロック（John Locke, 1632-1704）の次のような人格規定である。すなわちロックによれば、人格とは、「理性と反省とをもち、自分自身を自分自身と考えることのできる思考する存在者、時間と場所を異にして同一である思考するもの(7)」である。しかも、自分自身を自分自身とみなすことは「意識」ないし「記憶」によってのみ可能であるがゆえに、ロックにおいては、人格の同一性は自己意識の同一性に基礎づけられることになる。人格の同一性は自己意識に基づくのであって、決して身体の同一性に基づくのではない。「意識だけが、かけ離れた存在を同じ人格に合一できるのであって、決して実体の同一性がそうするのではないであろう。たとえ実体が存在し、いかに形態を有しているとしても、意識なくして人格は存在しない(8)」とロックは言う。さもなければ、屍ですら人格であるということになってしまうだろうからである。だが、このように自己意識に基づいてその同一性が保証される「人格」(person)という概念を、身体の同一性に基づく「人間」(man)の概念から区別する必要があるのは、たんに理論的な観点からではなく、もっぱら実践的な観点からである。なぜなら、「賞罰の権利と正当さは、まったくこの人格同一性に基づく(9)」からである。例えば、完全に記憶を失ってしまうならば、同じ身体をもつという意味では、確かに彼は以前と「同じ人間」であるが、しかしこのことが道徳的責任の根拠となるのであれば、ある人が精神に異常をきたしていたときに行なったことを、正常に戻ってから、たとえ彼がそのことを覚えていないとしても、罰することは妥当であろう。しかし、われわれの常識も、そしてわれわれの法もまた、そのようには考えていない。それは、正常に戻ったその人は、精神に異常をきたしていたときとは確かに同じ「人間」ではあるが別の「人格」である、とみなしているからにほかならない。

ところでまた、われわれの常識によれば、たとえ時間と場所を異にして自分自身を同一であると意識することができるとしても、それだけでその人に道徳的責任を正当に問うことができるわけではない。ほんの小さな子供でも、昨日の自分と今日の自分とが同じであるという意識はもっており、朝起きるたびに自分が誰であり、どこにいるかを尋ねたりはしない。しかし、われわれは子供に道徳的責任を問うことはない。悪いことをすれば叱るが、それは教育なのであって、大人に対して与えられる罰と同じものではない。それゆえロックは、道徳的責任の基礎となる人格の規定を、たんに意識の同一性にだけではなく、「理知と反省」とを有するという点に求めたのである。道徳的責任を負うことができる者とは、自分が何を行なっているのかをきちんとわきまえている者でなければならない。この意味で、人格には「理性的」という規定が本質的なのである。さらに、このような人格に対して道徳的責任を帰するときには、われわれはこの人格が「自由」であるということをも前提しているはずである。人から強制されて行なった行為に対して、われわれは道徳的責任を問うことはないからである。つまり、「人格」という概念には、「理性的」と「自由」という規定が本質的に属しているのである。ロックが、人格とは、「行為とその功績とにあてられる法廷用語」であり、「法と幸不幸の能力をもつ知性的行為者にのみ属する」[10]と語るとき、人格という言葉には、まさに理性的で自由な行為主体という意味が与えられているのである。

第2節　相互主体性の論理

定言命法の「目的それ自体の方式」

この理性的で自由な行為主体としての人格を、倫理学にとってきわめて基礎的な意義をもつ概念として形成し直し、その後の論議に大きな影響を及ぼすことになったのがカントである。カントは、人間はその自由のゆえに道徳的行為の主体であり、このことによって他の存在者とは比較を絶した価値（絶対的価値）をもち、それゆえ人間は他の存在者のようになんらかの目的を達成するための手段としてのみ使用されてはならず、つねに同時に目的として取り扱われなければならないということ、すなわち人格の尊厳の根拠を、人間が理性を備えて自由な人格であるというところに求めたのである。カントは次のように述べている。

人間および一般にあらゆる理性的存在者は、目的それ自体として現存し、あれこれの意志によって任意に使用される手段としてのみ現存するのではなく、自分自身に向けられた行為においても、他の理性的存在者に向けられた行為においても、あらゆる行為においてつねに同時に目的としてみなされなければならない。傾向性のすべての対象は、たんに条件づけられた価値をもつにすぎない。なぜなら、傾向性とそれに基づいた欲求とが存在しなければ、それらの対象は価値をもたないだろうからである。……その現存在が確かにわれわれの意志にではなく、自然に基づいている存在者でも、それが理性をもたない存在者である場合には、手段としてただ相対的価値をもつにすぎず、それゆえ物件とよばれる。これに反して、理性的存在者は人格とよばれるが、それはこの存在者の本性がすでにこのものを目的それ自体として、すなわちたんに手段としてのみ用いられてはならないものとして、際立たせており、したがってその限りにおいて〔このものに対する〕あらゆる選択意志を制限する（そして尊敬の対象である）からである。[11]

ここからカントは、いわゆる定言命法の「目的それ自体の方式」と呼ばれる方式を次のように定式化する。

汝の人格やほかのあらゆるひとの人格のうちにある人間性を、いつも同時に目的として扱い、決してたんに手段としてのみ扱わないように行為せよ。(12)

すなわち、理性的存在者は、あれこれの目的のためのたんなる手段としてではなく、目的それ自体として存在し、それゆえいかなる行為においてもつねに同時に目的として取り扱われなければならない。人格をこのように取り扱うことが、人格を尊敬するということにほかならない。しかもこれが定言命法であるということは、このように人格をたんなる手段としてではなく、つねに同時に目的として取り扱うことが、われわれの行為に道徳的価値を与える絶対的条件であるということを意味する。すなわち、われわれが何を意志し、何を目的として行為しようとも、そこにおいて人格がたんなる手段として取り扱われているならば、その行為に道徳的価値を与えることはできない、ということである。

しかしそれにしても、理性的存在者はその本性において目的それ自体であり、それゆえたんなる手段としてのみ用いられてはならない、ということはどのように理解すべきであろうか。目的それ自体として存在するがゆえに、目的として取り扱わなければならないというのは、一種の論点先取のようにも見える。カントが人格の絶対的価値を主張する根拠はどこにあるのだろうか。また、この定言命法の目的それ自体の方式に表現された原理を「人格性の原理」と呼んでおくならば、この原理が行為の道徳的判定の原理とみなされるのはいかなる理由によるのであろうか。

人格と物件

カントは理性能力の有無に従って人格と物件とを鋭く対比しているが、両者の本質的相違はまた次の点にも見られる、すなわち、「自然の事物はいずれも法則に従って作動する。ただ理性的存在者だけが、法則の表象に従って行為する能力を、すなわち原理に従って行為する能力を、言いかえれば意志を、所有する」[13]ということである。自然の事物（物件）はすべて自然法則によって受動的に規定されているにすぎない。これに対して、理性的存在者（人格）は、何をなすべきかを規定する規則（慣習的規則、法律、道徳法則など）を理解し、そこから理性によって自分の振る舞いを導き出すことができる。カントにおいて、意志とは、このように理性の要求に従って自分の行為を規定する能力を意味するのであり、この意志を備えているという点で人格は物件から区別されるのである。もっとも、自然の事物のうちでも動物にはある意味での意志が、つまり一方を他方に優先して選択するという意味での「選択意志」が存在するようにも見受けられる。しかしカントによれば、このような「動物的選択意志」は感性的衝動によって必然的に規定されざるをえない。これに対して、人間の場合には、その選択意志は確かに感性的衝動によって影響を受けるものの、だからといってそれによって必然的に規定されるのではなく、自らを理性によって行為へと規定する可能性を有している。この理性による行為への規定可能性が人間の「自由」である。それゆえ、「人間的選択意志」はまた「自由な選択意志」とも呼ばれる[14]。つまり、法則の表象に従って行為する能力である「意志」とは、理性による規定可能性を有するという意味で自由な意志であり、こうした意志を備えているものが「人格」と名づけられるのである。こうしてカントにおいては、人格と物件には、「自由な選択意志の主体」と「自由な選択意志の客体」という相互に排他的な規定が与えられることになる。[15] それでは、理性的かつ自由な選択意志の主体であるということは、どのようにして人格に絶対的な価値の担い手としての資格を与えることができるのであろうか。

相互主体性の拘束力

われわれの通常の理解に従えば、そもそもある行為の主体であることができるのは、自由な選択意志を備えた人格だけである。物件に発した事態は自然の「出来事」であって、「行為」ではない。火山の噴火によって甚大な被害が生じたとしても、それは「天災」である。また、人間が何かを始めたとしても、それは必ずしもつねに「行為」であるとはかぎらない。いまだ十分に理性が発達していないと考えられる幼児の振る舞いは「行動」と呼ばれ、道徳的責任を問われる「行為」からは区別される。[16] しかし、人格を始まりとする行為もつねに道徳的善悪を問われるわけではない。たんに一杯の水を飲むというような行為に関して、通常、われわれはその倫理的な意義を問うことはない。だが、それが難破して漂流しているボートに残されたただ一杯の水であり、ほかにもそれを欲している人がいるときに、それを独占するというような行為に関しては、確かに倫理的意義を問うことができるであろうし、問わざるをえない。その場合には、水を飲むという行為が、たんに水という「物件」にのみかかわるのではなく、それを介して、それを欲している他の「人格」にかかわっているからである。つまり、行為は、人格にかかわり、人格を客体としてもつとみなされるかぎりにおいて、その倫理的な意義を問われるのである。このような行為を、ここでは人格が人格にかかわる行為という意味で「間人格的行為」と呼んでおこう（図1）。

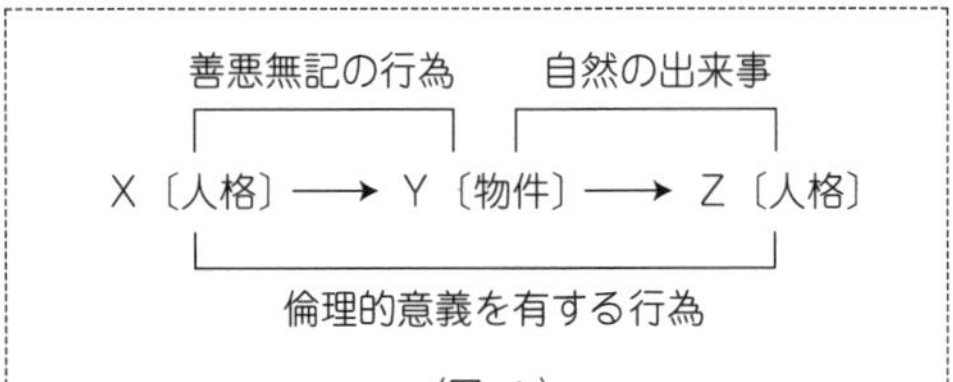

〈図 1〉

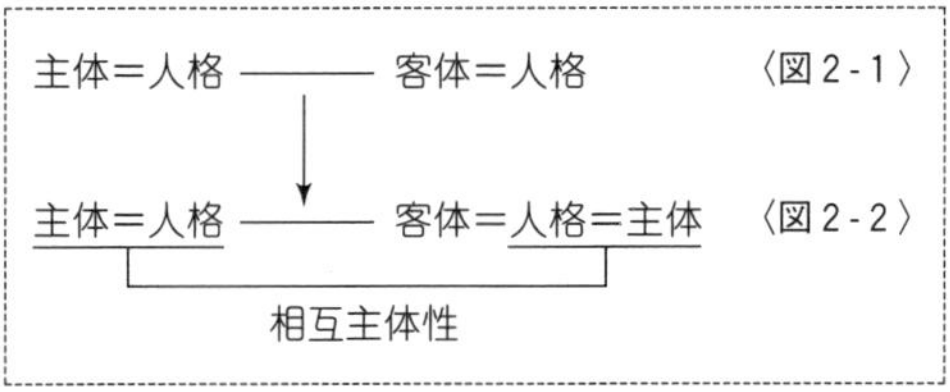

この図1において、倫理的意義を問われる行為は、次のような構造をもっている（図2−1）。しかし、先の人格と物件の規定によれば、行為の客体であるということは、本来、物件の徴表であった。そこで、この本質規定に従えば、行為の客体である人格はたんなる客体としてではなく、同時に主体としても、すなわち「自由な選択意志の主体」としても存在していなければならない。つまり、倫理的意義を担い、道徳的善悪を語ることができる行為とは、本来、図2−2のような構造をもっていなければならず、そこにおいて、行為の始まりである人格はもとより、その客体である人格もまた「主体」であるという意味で、相互主体的な行為でなければならない。そうであればこそ、はじめて人格と人格との「間」の行為なのである。

このような間人格的行為の構造を「相互主体性」という概念で捉えるならば、われわれは、この相互主体性こそが、行為に関して倫理的善悪を語ることのできる世界、倫理的世界をそれとして成立させる原理であると同時に、倫理的善悪の基準でもあるとみなさなければならないであろう。それは、次のような事情によってである。

すなわち、そもそもある行為に関して、その倫理的な意義を問うためには、われわれはその行為が

「間人格的行為」であることを前提とし、そのことを承認していなければならない。そして、行為の間人格性を承認するということは、行為の客体がたんなる物件ではなく、人格であるということの承認を意味する。ところで、もしわれわれが行為の客体である人格をたんなる客体としてのみ、つまり自分の行為の目的を達成するためのたんなる手段として使用するならば、われわれは行為の客体が人格であることを、まさにその行為において現実に否定することになる。しかし、われわれは同一の行為の客体が人格であることを、一方で承認し、かつ同時に否認することはできない。これは、そうしたことを試みる意志のうちに、倫理的な意義を担った行為の主体としての意志のうちに矛盾が生ずるという意味で、確かに論理的に不可能なのである。図3はそうした事態を示している。

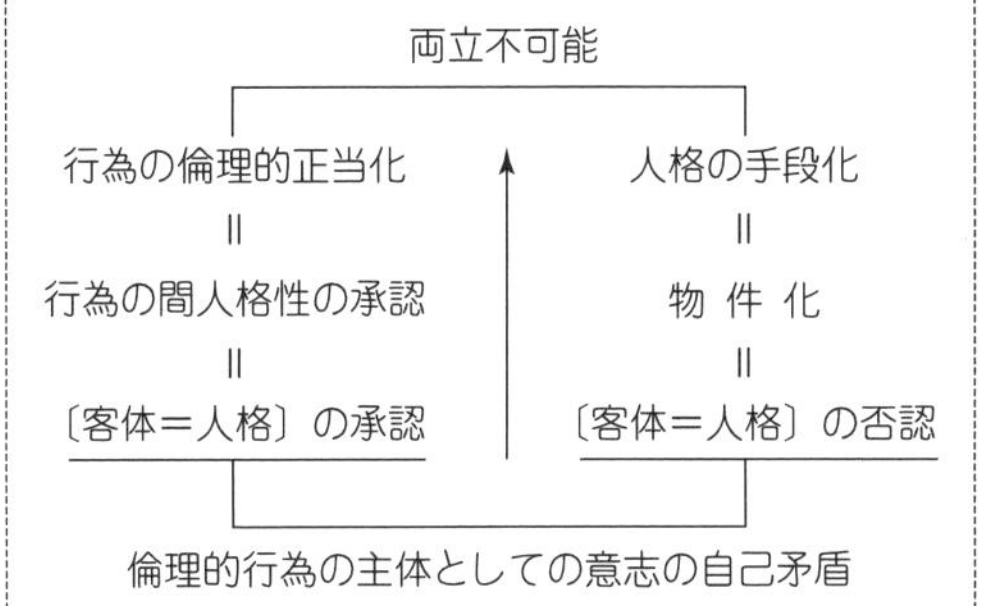

〈図 3〉

　もちろん、この意志の矛盾はまったく無前提に生じてくるのではなく、「自由な選択意志の主体」としての人格という規定から、つまり、人格を「自由な選択意志の主体」として承認するところから生じてくるのである。だがわれわれは、自ら行為する者としてこの規定を否認することはできない。なぜなら、行為者としてわれわれは、自分自身がこのような存在者であることを現実にその行為において承認しているからである。カントは次のように述べている。

私の目的ではない（他人の目的に対する手段にすぎない）ことを行なうように、他人が私に強要することはありえても、私がそれを私の目的とするように強要することはできない。とにかく私は、自分で目的とするのでなければ、どのような目的でももつことはできないからである。後者〔或ることを自分の目的とするよう強制されること〕は、自己矛盾である。つまり、自由の行為でありながら、同時に自由でないからである。[17]

例えば、強盗がたとえ銃で脅かして銀行員に金庫を開けさせるとしても、金を奪うという強盗の目的までをも銀行員に強要することはできない。脅迫に屈して銀行員が金庫を開けたとしても、それは自分の命を守るためである。「目的設定の主体」であるということは、「自由な選択意志の主体」であるということにほかならず、われわれは、自分の行為においては、まさにその行為の目的設定の主体として存在していることを承認せざるをえない。さもなければ、それを「私の行為」と呼ぶことはできない。それは、このような厳しい状況においてすら同様である。[18] そしてわれわれは、自分が倫理的意義を担った行為の主体であることを承認するかぎり、同時に、行為の客体である人格をも、自由な選択意志の主体であり目的設定の主体であると認めなければならない。カントが定言命法の「目的それ自体の方式」においで定式化したのは、このような相互主体性の要求としての人格性の原理である。それは、行為する人格に対して、行為の客体の人格承認が倫理的な善悪を語るための根本前提であり、われわれは倫理的意義を担ったいかなる行為においても、人格をたんなる手段としてではなく、つねに同時に目的それ自体として取り扱わなければならないということを告げているのである。

道徳的常識における人格性の原理

もっとも、この人格性の原理も、われわれの通常の道徳的理性認識から引き出されたものであるかぎり、われわれの道徳的常識もすでにこの原理を知っており、実際に使用しているのではある。このことは、道徳的常識に反するような行為をなんとか正当化しようとする際にわれわれが行なう議論のうちに如実に現われている。確かに、われわれは誰でも、他人をゆえなく差別し、抑圧し、いわんや殺害したりすることが不当であることを知っている。にもかかわらず、われわれはなぜ、ときにそうした行為を正当化することができると考えるのであろうか。それは、まさに行為の客体である人格からその人格性を剥奪し、あたかも本当の人格ではないものとみなすことによってである。

われわれは相手を、「野獣」や「鬼畜」、「魔女」と名づけ、「人でなし」や「人非人」と呼ぶことによって、相互主体性の要求に反する行為から生ずる良心の痛みをかろうじてやわらげる。子供たちですら、相手を「バイキン」とか「ブタ」と呼ばなければ、いじめることはできないのである。このように、相手の人格性を否認し、それによって常識的には不当な行為における意志の自己矛盾を覆い隠そうとするわれわれの根強い傾向は、まさに、われわれの道徳的常識のうちにすでに人格性の原理が存在し、われわれが相互主体性の要求を自覚していることを物語っている(19)。だが、すでに述べたように、もし行為の客体が真に「野獣」であって人格ではないとすれば、そのような行為に関しては、本来、倫理的な意義を問うことはできないはずである。つまり、行為の客体から人格性を剥奪することは、決してその目的である当の行為の倫理的正当化を果たすことはできない。

こうした観点からすれば、前講の「例題22」で取り上げた狂信的なナチの行為がなぜ非倫理的であるかは明らかであろう。彼らは、行為の客体であるユダヤ人の人格性を否認し、彼らを「目的設定の主体」として尊重していないかぎり、たとえ「普遍化可能性」という基準は満たしているとしても、おのれの行為の倫理的な正当性を主張しようとするときには、必然的に倫理的意義を担った行為の主体としての意志の自己矛盾に巻き込まれざるをえないのである。

【例題24】　アリストテレスは、当時の奴隷制社会を背景に、奴隷は「生きている道具」であり、自由人が奴隷を支配するのは、家畜を支配するのと同様によいことである、と語っている。[20] この議論を人格性の原理に照らして吟味せよ。

［注］

（1）カント『道徳形而上学の基礎づけ』、一一四頁。

（2）本講の議論に関しては、拙論「人格と自由」参照。

（3）アリストテレス『ニコマコス倫理学』V,5,1133a、一五九頁。

（4）エピクテトス『要録』十七、三九一頁。ただし、訳文は若干変更した。

（5）実体（substantia）は偶有性（accidens）の統一体であり、さまざまに変転する性質や状態のもとにあって、これを支えているものである。例えば、私は日に焼けて色が黒くなったり、事故で足を失ったりするかもしれないが、依然として私は私であろう。このとき、肌の色や肢体の数は、私という実体の偶有性である。しかも、実体は偶有性の総体ではなく、つまり部分の寄せ集めの総和ではなく、それ自体として独自の統一を保っている。不可分のもの・個体（individuum）としての実体とは、このような意味である。

（6）こうしたペルソナという言葉の語義の変遷に関しては、和辻哲郎『面とペルソナ』、特に二九三頁以下参照。
（7）ロック『人間知性論』二、三一二頁。ただし、訳文は拙訳。以下同様。
（8）同書、三二八頁。
（9）同書、三三三頁。
（10）同書、三三二頁。
（11）カント、前掲書、一二六頁以下。
（12）同書、一二九頁。この方式においてカントは、たんなる手段として扱われてはならないものを「人間性」（Menschheit）と名指しており、人格とは、この絶対的価値をもつ人間性の担い手である。ただし、カントの真意からすれば、人間性とは、生物としての人類に共通のなんらかの性質を表わしているのではない。先の引用にも見られるように、人間以外の存在者であっても、それが理性的であるかぎりにおいて人格という概念を帰することができるからである。それゆえ以下では、絶対的価値をもつものを「人格」と解して稿を進める。
（13）同書、七八頁。
（14）カント『人倫の形而上学』、三三四頁参照。
（15）同書、三四六頁参照。
（16）ただし、ある事態を「天災」とみなすか「人災」とみなすか、あるいは、いま述べたような意味での「行動」と「行為」の区別は、基本的には社会的な承認の事柄であり、責任の概念と密接に関連している。例えば、火山の噴火による被害に関して、行政機関が情報を公開し、避難勧告等の適切な措置をとっていれば防ぐことができたとみなされる場合には、その被害は「人災」と判断される。行政機関にはそのような責任があったとみなされるからである。もちろん、行政機関が期待された責任を果たしたうえでもなおかつ被害が生じたとしたならば、その被害は「天災」と判断される。そして行政機関にどのような責任を課するかということは、それぞれの社会において人々が決定すべき事柄であろう。少年法によって保護されるべき年齢を何歳にするかということも、理性能力と責任能力をどれほど期待するかという問題と相関している。

（17）カント『人倫の形而上学』、五三四頁以下。
（18）ただし、金庫を開けるか開けないかに関して銀行員にはわずかの自由が残されていたといっても、そのゆえに彼に責任を問うかどうかは別の問題である。これについては、拙著『カントと自由の問題』、一〇四頁以下参照。
（19）ケルナー『カント』、一三四頁以下参照。
（20）アリストテレス『政治学』I,4-5,1253b-1255a、一〇頁以下参照。

第10講　道徳性の本質と限界

第1節　自律と他律

人格の尊厳の根拠としての自律

前講で見たように、カントの倫理学においては、人格に対してあらかじめなんらかの根拠に基づいて絶対的価値が帰され、この価値のゆえに定言命法においてその尊重が命じられるのではない。例えば、キリスト教におけるように、人間は「神の似姿」(Imago Dei)であるがゆえに尊厳を帰されるというのではない。むしろ、行為する人格は、自分が行為の主体であることを認めることによって、自分自身を定言命法の要求のもとへと拘束する。この人格の自己拘束にこそ、道徳法則それ自体の拘束力の源泉が存している。それゆえ、道徳法則はもはや意志に対して外部の疎遠な権威としてその要求を下すとみなされることはできない。道徳法則に従うということは、ここでは、意志が自分自身に対しておのれの従うべき法則を与えるということであり、すなわち意志の「自律」(Autonomie)を意味するのである。言いかえれば、定言命法が命じているのはまさにこの意志の自律であり、したがって道徳性の本質は意志の自律に存するということ、これがカントの根本的な洞察であった。

われわれが何かを達成しようと行為するとき、その行為の目的は、通常、欲求や傾向性に従って立てられている。ある人は相手に嫌われたり疎まれたくないと思い、また別の人は信用が失われて将来自分の損になるのを避けようとして、約束を守るかもしれない。このような人においては、約束を守ろうとする意志は、嫌われたくないという欲求や、約束を破ることから帰結する利害計算に基づいて規定されている。カントは、このような事態を意志の「他律」(Heteronomie)と呼び、これを道徳性のあらゆる不純な原理の源泉として斥けた[1]。他律とは、意志が自分自身以外の他のものを自分を規定する法則として認めることであり、したがって欲求の赴くままに振る舞う人は、自分でものごとを決めているように見えながら、実は欲求に服従することを選択した人なのである。仮言命法に従う行為においては、すべて意志は他律的である。功利主義のように、最大多数の最大幸福を目的として他者の幸福の促進を図る場合でも、それが何かの「役に立つ」からとか「快い」からという理由でなされるかぎり、それは意志の他律にほかならない。それゆえカントは、最大幸福原理ですら道徳性の原理から排除するのである。

このように、確かにカントは道徳性の原理としての幸福という観念を斥けるが、しかしカントも他人の幸福に無関心なのではない。『人倫の形而上学』においては、「他人の幸福の促進」はわれわれにとって「同時に義務でもある目的」でもあると明言されている[2]。ただしそれは、定言命法に表現された普遍化可能性の原理や人格性の原理によって、他人の幸福を排除し、自分の幸福だけを図るような格率が拒否されるからであり、この理由に基づいてのみ他人の幸福を促進することは道徳的価値をもつ、というのがカントの立場なのである。

こうしたカントの立場は、人間の優しさや思いやりに価値を認めない厳格主義であるとして、カントが生きていた時代から非難されてきた。例えば劇作家のシラー（Johann Christoph Friedrich von Schiller, 1759-1805）は、カントに従えば、われわれが友人に親切にするときには、最初に彼を嫌い、そのあと義務の念に基づいて親切にしなければならないことになる、と揶揄する。もちろんカントも、他人に対する好意や思いやりを価値のないものとして斥けるのではない。だが、そうした好意や思いやりが「生まれつき」の性格に基づき、自分に好意や思いやりを示す人にだけ向けられるという意味で自然なものであるとすれば、はたして本当にそうした行為に道徳的価値を認めることができるであろうか。自然は実にさまざまな人間を創り出すのであり、なかには「生まれつき」他人に対する同情心を欠いているような人もあろう。そうした人がその性格に基づいて他人に親切にしないとしたら、それもまた彼にとっては自然な振る舞いなのであり、道徳的価値を欠くとは言えなくなるであろう。他人に親切にすることが義務であるとするならば、(3)確かにわれわれは自分の好き嫌いにかかわらずそうしなければならないのであり、たとえ生まれつき同情心を欠いているとしても、義務の認識に基づいてならば、そうすることはできるのである。

カントは、第7講で見たヒュームのように、理性が意志に対していかなる影響力をももちえず、行為の動機はすべて情念から発するとは考えない。彼は、定言命法に即して自らの格率を吟味し、義務の認識に基づいて意志を規定し行為する能力としての理性、すなわち「実践理性」の能力を人間のうちに認める。われわれが、たんに欲求や傾向性によって行為へと促されるだけではなく、理性によって自らの意志を規定することができるということ、この点にカントは人間の尊厳の根拠を見いだしたのである。こうした思想の意味を、近代の人格論議の先駆けをなしながら、それを役割ないし役割の担い手として把握するにとどまったホッブズの道徳論と対比させることによって、もう一度確認してみよう。

ホッブズの他律的人格論

ホッブズは、その主著『リヴァイアサン』において、人格を次のように定義している。「人格とは、その言葉や行為が彼自身のものとみなされる人であるか、他の人や他のものに真実にか擬制的に属する言葉や行為を代表しているとみなされる人である[4]」。その言葉や行為が彼自身のものとみなされる人は「自然人格」と呼ばれ、その人が他の人や他のものに属する言葉や行為を代表しているとみなされる場合には、それは「擬制人格」ないし「人為人格」と呼ばれる。

さて、ホッブズは前講で述べたような人格という言葉の語義を振り返り、それが仮面を意味する「プロソーポン」や「ペルソナ」に由来し、そこから転じて、法廷においても言葉や行為の代表者を意味するようになった、と指摘している。すなわち、人格とは、舞台や法廷で、そして日常生活においても、ある役割を演ずる人（actor）であり、それを代表する人である。だが、ある役割を演じ代表するためには、演じられ代表される当のものが前提されていなければならない。「人為人格」においては、人格が代表している他の人や他のものがそれに当たり、これをホッブズは「本人」（author）と呼んでいる。つまり、人為人格は、本人の「代理人」（actor）として、本人が本来有している権利や権限を委託されて、本人の言葉や行為を代表するのである。

こうした本人と代理人との関係は、「自然人格」の場合にも同様に考えることができるであろう。そもそも『リヴァイアサン』においてこのような人格概念が提示されるのは、有名な自然権と自然法の議論に続く箇所においてである。ホッブズによれば、人間は誰でも本来、「自分自身の自然、すなわち自分自身の生命を維持するために、自分自身の力を自分が欲するように使用する自由」[5]を有している。これが「自然権」である。しかし、この自然権の無制限な行使は、「万人の万人に対する闘争」を生み出さずにはおかない。それゆえ、このような戦争状態を抜け出し、平和を達成するためには、われわれは理性の示唆する「自然法」に従って、本来有している自然権の一部を放棄ないし譲渡しなければならない。「人格」とは、こうした自然権の放棄や譲渡を定める「契約」の主体にほかならない。つまり、自然人格においても、人格とは、自然権の担い手である「本人」を代表して、自然法に従った契約を締結する「代理人」なのである。

ところで、『リヴァイアサン』におけるホッブズの意図は、平和を達成し人々の生活を快適に維持するための機関としての「国家」を、それを構成する「人間」とはいかなる存在者であり、また国家は人々のどのような契約に基づいて設立され、それゆえ国家の主権者にはどのような権力が与えられているのか、という観点から論ずることにあった。「人格」という概念は、国家を設立する契約の主体として、「人間」に関する議論と「国家」に関する議論とを結合する接点に位置している。だが、ホッブズにおける人格概念の意義はこれにとどまらない。彼の国家観の最大の特徴は、「本人」と「代理人」との関係から構成される人格概念が、そのまま「国民」と「主権者」との関係のモデルとして使用されるという点にある。つまり、国家は、本人である国民が、その自然権の行使に関して主権者との間に代理人契約を結ぶことによって成立する一つの（最大の）「人為人格」と考えられるのである。ホッブズによれば、このことは、国民が、「自分たちすべての人格を担う一個人、あるいは合議体を任命し、この担い手が公共の平和と安全のために、何を行ない、何を行なわせようとも、各人がその行為をみずからのものとし、行為の本人は自分たち自身であることを、各人が責任を持って認めること」[6]を意味する。したがって、このような国家においては、個々の国民の権利は実際には重大な制限を受けざるをえない。なぜなら、一般に代理人は本人の権限に基づき、本人の委託を受けて契約を締結するにしても、その契約はまさに本人自身を拘束し義務づけるように、国家においても、主権者が国民の委託を受けて彼らの代理人となる以上、主権者がいかなる契約を結ぼうとも、それは本人たる国民を拘束し義務づけると考えられなければならず、それゆえ、国民は主権者の命令には無条件に従わなければならないということを意味するからである。国家は、国民に対してまさに「リヴァイアサン」（『旧約聖書』の中の大怪物）として立ち現われる。だが、ホッブズによれば、このような怪物でも、主権がない戦争状態に比べれば決して有害ではなく、むしろ平和を維持し、人々の生活を快適に保つためには必要なのである。

しかし、たとえそこでは戦争状態が解消され、平和が維持されるにせよ、主権者への絶対的服従が要求されるような国家においては、われわれは決して個々の人間が尊重されているとみなすわけにはゆかないであろう。それでは、なぜホッブズの国家においては、こうした国民の権利の毀損（と見えるもの）が正当化されうるのであろうか。これまでの議論に即して考えてみるならば、われわれは、彼の国家観の基底をなす人格概念が「役割」という語義を色濃く残しており、そこから「道徳的行為の主体」としての人格の「他律性」が帰結するという問題を指摘しなければならない。つまり、ホッブズの国家においては、確かに主権者権力の本来の源泉は国民の自然権のうちにあり、そのかぎりで主権者の行為の本人は国民であるが、しかし、いったんその自然権を主権者に譲渡してしまうならば、この国民の本人としての権限は極限にまで弱められてしまう。国家においては、もはや個々の国民は自分自身の代理人として振る舞うことはできず、彼らに要求されるのは、主権者によって定められた役割を忠実に遂行することだけである。しかも、このように自らにとっては疎遠な権力として現われる主権者の命令に服従することが、まさに道徳的意義をもつとされる。要するに、国家の法に従うことが道徳的価値を構成するのである。だが実際、このような他律性を帯びた行為をわれわれは真に道徳的価値をもつ行為と認めることができるであろうか。そもそも、われわれは与えられた役割を忠実に果たすことだけで、つまり、よき夫であり、よき乗客であり、よき教師であるということだけで、道徳的にすぐれた人間と呼ばれてしかるべきなのであろうか。

価格と尊厳

確かに、われわれはこの世界においてさまざまな役割を担っており、それらをうまく遂行すれば、われわれには役割の担い手としての価値が与えられるであろう。カントによれば、仕事における熟練や勤勉は「市場価格」をもち、機知や想像力や陽気さは「感情価格」をもっている(7)。求人広告には、不動産価格の表示と同じような書式で給料が示されている。会社が倒産して再就職先を探そうとすれば、われわれはいやでも自分の「市場価格」を思い知らされることになる。また、話の面白い人、陽気に振る舞って人を笑わせることのできる人は、多くの人から好かれる。つまり、高い「感情価格」をもっている。だが、このような「有用価値」の担い手としてみられるかぎり、人は一個の「商品」として手段的価値を有するにすぎず、同様の価格をもつ他の人と交換することができる。(8)勤勉な教師は、同じように勤勉な他の教師と取り替えることができ、場合によっては「ビデオテープ」によってその役割を代替することもできる。母親や父親にしても、必ずしも生みの母や実の父だけがよく子供の養育というその役割を果たすことができるわけではないであろう。役割の担い手としてみられるかぎり、人は決して交換不可能な絶対的価値の担い手とみなされることはできないのである。

人間を、たんなる手段的価値を超えた「目的それ自体」としての価値をもち、それゆえ代置不可能な「尊厳」を有する存在者とみなすことができるのは、彼がもたらす利益や効用によってではなく、例えば約束における誠実さや原則に基づく好意といった、それ自体としてのよさをもつ行為の主体として「内的価値」を備えていると認められるかぎりにおいてである。(9)カントは、まさにこのような「自律」を本質とする道徳的行為の可能性の根拠として絶対的価値を担い、それゆえにこそ道徳法則においてそれを尊重することが命じられるというところに、人格の「尊厳」を見いだしたのである。(10)

もちろん、すでに見たように、われわれは日常生活においてさまざまな役割を担っており、こうした役割をすべて脱ぎ捨てて行為することなどはできない。しかし、われわれの常識においても、ある仕方で振る舞うことが人々から期待され、あるいは命じられているといっても、たんにその役割を果たすことそれ自体に道徳的価値を認めることはないであろう。実際、よく訓練された盲導犬ですら、交通法規に従って振る舞うことはできる。われわれの同様の振る舞いに盲導犬とは違った価値があるとすれば、それは、そうした規則の趣旨を理解し、それを破ることが義務に反するということを自覚したうえで、それを遵守するという態度のゆえにであろう。このときわれわれは、あたかもわれわれ自身がその法規を立法したかのように考えることができる。犯罪者ですら、その罪を自覚し、それを罰する必然性を理解するならば、自ら刑に服することを意欲することができるのである。ここには、自らを道徳法則の立法者とみなすという、道徳性の本質としての自律のその痕跡が確かに見られるのである。

第2節　人格性の原理の限界

道徳的判断の構造

前講においてわれわれは、人格性の原理がすでにわれわれの道徳的常識のうちに根ざしていることを見た。だが、そこで用いられた論証に従えば、「奴隷は生きている道具である」という命題は、実は、「奴隷制度は倫理的に不当である」という命題とも両立不可能である。なぜなら、後者の命題もまた、奴隷の使役が間人格的行為であることを前提とし、それゆえ行為の客体である奴隷が人格であることを承認しているのに対して、前者の命題では、行為の客体である奴隷の人格性はまさに端的に否認されているからである。つまり、奴隷を「生きている道具」とみなすかぎり、奴隷制度を倫理的に否定することも不可能となるのである。もちろんこのことは、奴隷制度が倫理的に肯定されうることを含意するのではなく、もし奴隷が本当に「生きている道具」であるならば、スキやクワの使用がそれ自体では倫理的問題とはならないというのと同じ意味で、奴隷の使役も倫理的に無記（ニュートラル）であるということを意味しているにすぎない。それゆえ、ある具体的な行為の倫理的当否を問うためには、たんに道徳性の原理だけではなく、その行為の客体が人格であるか否かという判断もまた必要とされる。だがこれは、道徳性の原理そのものによっては決定されえない問題でもある。つまり、人格性の原理の道徳的拘束力の源泉が矛盾律という論理学的原理に基づいているかぎり、そして論理学的原理が論証の形式だけを拘束するものであるかぎり、ある行為が倫理的に正当化されうるか否かという問題は、その行為の客体が人格であるか否かという、人格性の原理そのものからは直接導き出すことのできない判断に依存しているのである。この点をもう少し説明してみよう。

すでに見たように、「普遍化可能性の原理」にせよ「人格性の原理」にせよ、いずれもその拘束力の源泉は矛盾律のうちに存していた。だが、矛盾律は、確かに「あらゆる真理の絶対的な第一原理」ではあるにしても、それはわれわれの概念を明確化するだけの「分析的判断」の原理であって、われわれの認識を拡張する「総合的判断」の原理ではない。例えばカントによれば、「すべての物体は延長している」という命題は分析的判断の一例である。この判断において「延長している」という述語は、「物体」という主語概念のうちにすでに含まれており、この主語概念を分析することによって取り出されたにすぎない。このことは、「延長していない物体」という概念が自己矛盾的であることから明らかである。こうした分析的判断によっては、われわれの物体に関する認識は本質的になんら拡張されえない。これに対して、「いくつかの物体は重さをもつ」という命題は総合的判断の一例である。「重さをもつ」という述語は、「物体」という主語概念のうちにあらかじめ含まれているわけではなく、このことは、「重さをもたない物体」という概念が自己矛盾的ではないというところから明らかである。実際、無重力状態では物体は重さをもたない。このように、主語概念に含まれていない述語を付加することによって、われわれはその主語に関する認識を拡張するのである。この種の認識の真偽は、通常は経験を俟って判定されなければならない[11]。

同様のことが、道徳性の原理に関しても指摘されうる。すなわち、人格性の原理は、行為主体に対して、彼がすでに行為において「人格」（自由な選択意志の主体ないし目的設定の主体）として存在し、かつ行為の客体を「人格」と認めるかぎり、それを「自由な選択意志の主体」ないし「目的設定の主体」として取り扱うよう要求する。この要求は、形式的には等しいものを等しいものとして取り扱えという普遍化可能性の原理に基づいており、この原理は再び矛盾律という論理学的原理によって基礎づけられている。しかし、矛盾律が分析的判断の原理であるかぎり、このような原理に基づいてその真理性を保証される人格性の原理も、確かに道徳性の究極的原理ではあるにしても、これによってわれわれの道徳的認識を本質的に拡張することはできない、そのような原理である。しかも、ある具体的な行為が倫理的に正当化されるか否かは、行為の客体が人格であるか否かという判断を介して人格性の原理によって決定されるにしても、この判断の当否そのものは人格性の原理によっては判定されえない。実際、それゆえにこそ、「目的それ自体の方式」が定言命法であり、道徳の根本要求であることをわれわれの常識もすでに知っており、そのような常識を共有している人ですら、奴隷は人格ではないという認識をもつかぎり、例えば人間はすべて平等に創られたと謳うアメリカの独立宣言のもとで初代大統領となったジョージ・ワシントンのように、安んじて奴隷を使用しつづけることができるのである。

もちろん現代のわれわれは、奴隷として使用された人々もわれわれと同じ人格であるということは疑いようのない事実であると考えている。だがそれでは、アリストテレスやワシントンのような人々は、このような単純な事実認識において誤っていたのであろうか。「人格とは何か」という問題は、たんなる事実認識の問題なのであろうか。

人格の定義に先行する価値判断

アリストテレスが奴隷を家畜と同様の存在者とみなすとき、彼は「理性的動物」という人間の定義に従っている。このような定義づけは一般に「最近類と種差による定義」と呼ばれる。すなわち、あるものを、それが属するもっとも近い類（動物）と、その類の中で他の種と区別される種差という特徴（理性的）によって定義するというやり方である。では、この「理性的」という種差はどのようにして選ばれたのであろうか。事実の観察によってであろうか。必ずしもそうではない。なぜなら、アリストテレスは、動物の中でも人間だけが「笑う」という事実を確かに知っていたのであり、それゆえ、たんに他の動物から人間を区別するだけであれば、人間を「笑う動物」と定義することもできたはずだからである。[12] それにもかかわらず、なぜ彼は人間を「理性的動物」と定義したのであろうか。それは、この定義に先立って、人間に関する一つの価値判断がアリストテレス自身のうちに存していたからではないだろうか。つまり、たんに笑ったり笑わせたりという感情の働きのうちにではなく、理性によってものごとを認識し、また自分の行動を律するというところにこそ人間の人間たるゆえんがあるという判断である。それゆえにこそ、アリストテレスは、奴隷も笑い、苦痛を感じるということを知っていたにもかかわらず、理性能力を欠いているように見える奴隷を人間としてではなく、まさに「生きている道具」とみなすることになったのであろう。すなわち、アリストテレスにおいては、理論的な意味での人間の本性に関する問いに先立って、すでに人間らしい人間についての価値基準があり、この基準に従って、「笑う動物」ではなく「理性的動物」という人間の定義が定められたのである。[13]このことは、「人格とは何か」あるいは「人間とは何か」という問いが、たんに事実に関する認識の問いなのではなく、この問いに対する答えがすでに一つの倫理的な決定であるような、そのような問いであることを物語っていよう。

いわゆる科学的な定義に関しても、事情は本質的に同じである。ディルタイ（Wilhelm Dilthey, 1833-1911）という哲学者の指摘によれば、例えばわれわれが「詩」とは何であるかと問い、その概念を規定するためには、この「詩」という概念に属するさまざまな作品から、それらに共通の特徴を抽出し、その本質を見きわめなければならない。しかし、ある作品が「詩」に属するか属さないかを確定するためには、われわれはそれが「詩」であることを認識しうる特徴をすでに知っていなければならないのである。[14]これを「ニンゲン」という概念に当てはめてみよう。われわれが「ニンゲンとは何か」と問い、その本質を遺伝学的に確定するためには、われわれはまず「ニンゲン」に属する存在者とその他の存在者を区別し、前者の遺伝子のみをサンプルとして取り出さなければならない。つまり、「私」や「私の妻」や「友人の某」は研究対象に含まれるが、チンパンジーの「アイ」や犬の「ポチ」や猫の「ミケ」は排除されなければならない。だが、このようにさまざまな存在者の間から「ニンゲン」だけを取り出してくることができるということは、われわれが「ニンゲン」の概念を形成し、その本質について知ろうとしているにもかかわらず、実は、あるものを「ニンゲン」と呼び、他のものをそこから排除するための、「ニンゲン」という概念の内包（本質）をすでになんらかの仕方で知っており、それを基準として使用しているということを意味している。さもなければ、われわれは少しも研究を進めることはできないであろうが、しかしこれは、論理的には一種の論点先取にほかならない。(15)

もちろん、実際の科学的研究においては、このような論理的問題は度外視することが許されよう。しかし、「人間とは何か」、「人格とは何か」という問題に関しては、これはきわめて深刻な事態を引き起こすことがある。いま述べたように、ニンゲンを遺伝学的に定義しようとするとき、われわれはその定義に先立って誰がニンゲンであるかをあらかじめ知っているはずであり、さもなければ、その遺伝子の構造を調べられるべき対象を選び出すことすらできないであろう。だが、もしわれわれがすでにあらかじめニンゲンとは何かを知っているのであれば、科学的研究といえども、何がニンゲンに属するかという概念の外延に関しては分析的判断にほかならず、ニンゲンに関するわれわれの認識を本質的に拡張するものではない。しかも、このようなわれわれの知識はきわめて限定されている。われわれが「ニンゲン」という言葉の使用法を習得するのは、自分の父母や兄弟などの少数の実例に即してであり、こうして習得されたニンゲンの特徴を知ったうえで、それに関する概念形成が行なわれることになる。したがって、われわれが見知らぬ存在者に出会ったときには、それがはたして「ニンゲン」なのか、それとも「ニンゲンモドキ」なのか判断に迷うこともあろう。例えば、アメリカ大陸に最初に渡ったヨーロッパのキリスト教徒のように。(16) このとき、「ニンゲン」と「ニンゲンモドキ」とを区別するなんらかの基準の採用は、すでにそれ自体が倫理的意義を有していると言わざるをえない。しかもこれは、過去の問題ではない。次の例題は、われわれが誰を「人間」や「人格」とみなすかということがすでに一つの価値判断にほかならないことを明らかに示している。そして、このような判断において、われわれはつねに誤りを繰り返す可能性をもっているのである。

【例題25】 いわゆる植物人間や自動車事故で脳の損傷を受けた犠牲者、あるいは、小頭症の新生児や広範囲にわたって神経を欠いたり大脳の能力を失ったりしている患者、こうした人たちは、たとえ呼吸を続け、中脳や脳幹が自発的な器官の機能を支え続けていたとしても、このような状況のもとではもはや人間でも人格でもなく、もはや本当に生きているとは言えない。なぜなら、人間であるためには、次のような「人間らしい性質」が必要だからである。一、最小限の知性（ＩＱ20以下は人格ではない）、人間〔homo sapiens〕であるためには知性〔sapiens〕が不可欠である）、二、自己意識、三、他者との関係可能性……。この「人間らしい性質」を満たしていない個体に関しては、「人間の幸福」という最高善に照らして、その生命の維持ないし停止が決定されるべきである。[17]

［注］

（1）カント『道徳形而上学の基礎づけ』、一六二頁以下参照。

（2）カント『人倫の形而上学』、五三九頁以下参照。この問題は第13講でも取り上げる。

（3）「困窮している他人に対して何も手助けをしない」という格率が義務に反することを、カントは普遍化可能性の原理と人格性の原理とに即して論じている。『道徳形而上学の基礎づけ』、一一二頁以下、一三四頁参照。

（4）ホッブズ『リヴァイアサン』、一八七頁。ただし、訳文は若干変更した。次注も同様。

（5）同書、一五九頁。

（6）同書、一九六頁。

（7）カント『道徳形而上学の基礎づけ』、一四六頁以下参照。

（8）「価格」をもつということは、必ずしも実際に値段がつけられて売買されうるということを意味しない。カントによれば、「価格」をもつということは、「等価物」（Äquivalent）をもつということ、すなわち他のものと交換可能であるということ、およびなんらかの欲求や傾向性ないしは趣味に関係して価値をもつこと、つまり「相対的価値」をもつことである（同書、一四六頁参照）。

（9）同書、一四六頁。しかしこのことは、実際に道徳的によい行為を行なった者だけが内的価値を獲得し、人格として尊重されるということを意味するのではない。犯罪者ですら、確かに行為者として人格であるかぎり、それとして尊重されなければならないが、それは彼を罰しないということではなく、まさに人間にふさわしい仕方で罰することが彼を人格として取り扱うことなのである。

（10）カントによれば、人間が知性において動物にすぐれており、自ら目的を立てて行為することができるということですら、たんに人間に有用価値を与えるにすぎない。これは人間の間においても同様であり、他人よりもすぐれた知性をもつということは、その人に交換可能な「商品としての価格」を与えるだけである。こうした一切の価格を超えた「尊厳」が帰されうるのは、「人格としての人間」、すなわち「道徳的＝実践的理性の主体としての人間」にだけである（カント『人倫の形而上学』、五九四頁以下参照）。

（11）カント『プロレゴーメナ』、一〇〇頁以下参照。

（12）アリストテレス『動物部分論』673a、三五四頁参照。ちなみに、ベルクソン（Henri Bergson, 1859-1941）という哲学者は、人間的なもののみが笑いを誘うという点に注目して、人間は「笑う動物」であるとともに「笑わせる動物」であると述べている（ベルクソン『笑い』、一六頁以下参照）。

（13）この点に関しては、宇都宮芳明『人間の間と倫理』、三八頁以下参照。

（14）これは「解釈学的循環」と呼ばれている問題である。Cf. W. Dilthey, Der Aufbau der geschichtlichen Welt in den Geisteswissenschaften, S.153.

（15）こうした帰納法的抽象化に関する論理的問題については、廣松渉『哲学入門一歩前』、第3章第1節参照。

(16)ローマ教皇庁は、当初、キリスト教の神を知らないインディオは「人間」ではないという詔勅を発布し、これによってインディオの奴隷化が正当化されたという。ただし、インディオに対するヨーロッパ人たちの非道な取り扱いを告発し、詔勅の撤回に力を尽くしたのも同じキリスト教徒であったということは銘記しておく必要がある。しかし、インディオのために尽力したラス・カサスのような人物にしても、銀山の労働力としてアフリカの黒人を奴隷化することを提案した（のちにこの提案は彼自身によって取り下げられたが）ということは、われわれの「ニンゲン」に関する認識がいかに限定されているかを物語っている。

(17) J.Fletcher, Indicators of Humanhood: A Tentative Profile of Man, pp.1-4 および、フレッチャー「倫理学と安楽死」、一三七頁以下参照。

第11講　道徳という制度

第1節　マッキーの道徳理論

客観的価値は存在するか

　これまで数講にわたって、われわれは、カントの倫理学説を基礎にして道徳性の原理とそれを支える論理について考えてきたが、こうしたカントの試みの根底にあるのは、道徳的価値の絶対性に関する確信である。つまり、ソクラテスの問いにおけるように、道徳的なよさが無条件的なよさであり、何か他の目的のために役立つとか誰かにとって快いという意味での条件づけられたよさではないとすれば、それは定言命法という形式においてのみ表現されうるのであり、それ自体としてよい行為は定言命法においてのみ規定されうるということである。しかもカントは、われわれ人間が定言命法に従って行為することができるということをも確信している。すなわち、われわれがたんに感情や情念によって行為へと促されるのではなく、理性のみによって意志を規定することができる、そのような存在者でもあるということである。このようにしてわれわれは、道徳的価値、すなわち絶対的ないし客観的価値を実現することができるというのである。

ところが、こうしたカントの道徳理解に対しては、現代でもヒューム的な道徳理解に基づく根強い反論がある。「客観的価値は存在しない」と主張するマッキーは、そうした立場を代表する一人である。(1)本講では、道徳を人為的な制度とみなす見解について考察してみよう。

価値の主観性と客観性の信念の成立

「客観的価値は存在しない」とマッキーが主張するとき、このテーゼが意味しているのは、「行為者の欲求や傾向性に依存せずに、行為を指導しうる価値は存在しない」ということであり、これは、「理性は情念の奴隷である」というヒュームのテーゼの現代版である。

もっとも、マッキーによれば、このテーゼは行為を直接導く規範として主張されているのではない。つまり、客観的価値は存在しないのだから、あらゆる道徳を無視してもよいとか社会で通用している道徳に従う必要はない、と主張しているのではない。また彼は、客観的価値は存在せず、価値に関する言明はすべて主観的なのだから、あらゆる価値言明について真偽を問うことには意味がないと主張しているのでもない。例えば、リンゴの等級づけのように、なんらかの仕方で受け入れられた基準との関係においてて評価がなされる場合には、その評価が客観的でありうるということは、マッキーも認める。しかし、こうした基準はそれ自体、決して無条件に客観的なものではない。実際、リンゴの等級づけの基準は、人々の欲求に従って社会ごとに異なっており、また時代によっても変化するであろう。ある時代には酸味の強いリンゴが好まれ、それゆえ高い評価を受けるが、別の時代には甘みの強いリンゴが評価されるというように。つまり、このような場合には、評価の客観性を保証する基準そのものが人々の欲求に依存しているのである。

マッキーによれば、道徳的判断に関しても事情は同じである。道徳規範が社会や時代によって変動するという事実は、人々の道徳的見解がたいていの場合はそれぞれの生活様式によって規定されているということを物語っている。例えば、われわれは一夫一婦制を是認するからそのような生活様式に参加するというよりは、むしろ一夫一婦制の生活様式に参加しているからこそそれを是認するのであろう。もちろん、道徳的判断のすべてがこのような意味で純粋に慣習的なものではないかもしれない。道徳上の異端者や改革者のように、自分たちの共同体の規範や慣習に反対する人々はつねに存在している。しかしマッキーによれば、彼ら異端者や改革者の道徳もまた、ほとんどの場合は、すでに現存している生活様式から生じたものであり、人々が信奉している規則を首尾一貫して拡張したものと解釈することができる。現在、わが国において夫婦同姓の強制に反対する人たちは、女性の社会参加という現実の生活様式を受け入れ、家制度からの個人の自立を是認する規則を首尾一貫して適用した結果として夫婦別姓制度の確立を肯定するのだ、ということである(2)。

もっとも、このような道徳規則の多様性という事実は生活様式の多様性を反映しているとする相対主義的な理解によって、ただちに価値の客観性が論駁されるわけではない、ということはマッキーも認める。すでにヒュームが、「人々が道徳において推論の基礎とする諸原理は、彼らの引き出す結論がしばしば非常に異なるにもかかわらず、つねに同一である」と述べていたように、客観的妥当性が主張されるのは、婚姻制度のような特殊な道徳的規則ではなく、多くの社会において少なくとも潜在的に認められているような、きわめて一般的な基本原理に関してだからである。しかしマッキーによれば、普遍化可能性や功利性の原理などの基礎的とみなされている道徳的原理によっては、われわれが通常道徳的と考えている思考の全体を構築することはできない。第8講で検討したように、普遍化可能性という形式的な原理は、現実の倫理的諸問題の解決においてきわめて限定された役割しか果たすことができないように見える。われわれは、ある事柄がよいとか正しいと判断し、別の事柄が悪いとか間違っていると判断するが、それは、われわれがなんらかの一般的原理を受け入れているからではなく、むしろそうした事柄についての何かがわれわれに一定の反応を直接的に生じさせるからだと理解すべきなのである。例えば、ある残虐な行為を見たときには、われわれはただちにそれを悪いと判断するであろうが、それは普遍化可能性や功利性の原理、つまり理性によるのではなく、「道徳感覚」や「直観」によってなのである。[3]

このように、客観的価値は存在せず、われわれの行為はすべて究極的には欲求や傾向性によって主導されているとマッキーは主張するのであるが、しかし、もしそうであるとすれば、いったいなぜわれわれは、客観的価値が存在すると思い込み、あるいはカントのように、われわれは仮言命法だけではなく、定言命法にも従うことができると思い違いをするのであろうか。

マッキーによれば、道徳的態度それ自身は、少なくとも部分的には社会的なものである。つまり、社会的に確立され、社会的に必要とされる行動の型が個々人に圧力を加え、そして各個人はこの圧力を内面化し、自分と他の人々にこれらの行動の型を要求するようになる。しかもわれわれは、利己性という自然的な傾向に対抗してでも諸個人の間の関係を規制し、お互いの行動を調整しなければならない。道徳はそのために必要とされる。またそれゆえにこそ、われわれは自分の道徳的判断が自分に対してと同様に、他人に対しても権威をもつことを望むのであり、こうした道徳的判断に必要とされる権威を与えるのが客観性なのである。

もちろん、それが必要だということは、それが存在するということを証明するものではない。むしろわれわれは、欲求や願望を対象に投影することによって、道徳的価値を客観化する方向へと誘われるのである。「よい」という言葉を取り上げてみよう。これは通常、欲求を満足させる対象について使用される。われわれの欲求を満足させるものが「よい」のである。ところがわれわれは、この「よさ」を欲求に依存させる(「欲求する」から「よい」と考える)代わりに、依存の方向を逆転させ、欲求をよさに依存させる(「よい」から「欲求する」と考える)ことによって、あるものが客観的によいとか内在的な価値をもっているという観念を手に入れることになる。実際、欲求されたものは、そのものとして欲求を引き起こし、欲求を満足させるような特徴をもっており、それゆえにこそわれわれはそれを欲求するのであるが、こうした特徴が、そのものに客観的価値があると思い込ませることになる。つまりわれわれは、ある事物のよさが客観的であるということ(ある特徴を客観的に備えているということ)と、そのよさがわれわれの欲求に依存せず事物に内在しているということとを混同しているのである。(4)

偽装された仮言命法としての定言命法

このように、行為者の欲求や傾向性に依存せずに、それ自体でよいとみなしうるような客観的価値の存在が否定されるならば、カント的な定言命法の可能性もまた否定されざるをえない。実際マッキーによれば、定言命法とは偽装された仮言命法にほかならないのである。

一般に仮言命法においては、行為者の欲求に関する事実と、なんらかの因果的な事実に関する条件が与えられれば、何をなす「べき」かが帰結する。直線を二等分したいと欲し、しかじかの手続きをとれば直線が二等分されると知っているなら、そのような手続きをとる「べき」である。「もし君がXを欲するならば、Yをすべきである」という仮言命法の場合は、Xに対する欲求がYを行なう理由を創り出す。行為者はこの欲求という理由によってYを行なうことに拘束されているのである(5)。

このことは、例えば約束を守る義務に関しても同様である。ある状況において一定の言語行為を遂行すること、例えば、金を借りた相手に対して「借りたお金は明日返します」と発言することは、この言葉の意味の一部によって、「彼は借りたお金を明日返すと約束した」という言明を有効なものにし、またこの言葉の別の部分によって、「彼は借りたお金を明日返すべきである」という言明を含意する(6)。約束という言葉を適切に使用することは、すでに実質的にその制度を承認することであり、この場合には、約束という概念やその中に埋め込まれた推論形式のおかげで、「約束した」という事実からそれを「守るべきである」という義務が導き出される。このように、約束を守るという義務も、決して無条件に生じるのではない。ある人がある約束を守るべきであるという義務を創り出すのは、約束という制度であり、さらにその約束という制度を承認し維持しようとする当人自身の欲求なのである。

ところで、定言命法とは、カントにおいて、このような行為者の欲求や願望を前提とせずに、端的に行為それ自体をよいものとして命ずる、そのような命令形式であった。だがマッキーによれば、それは「仮言命法の条件節を発言者の願望へと関連づけないで削除した結果」[7]にほかならない。つまり、約束を守るという行為は、本来は約束という制度を承認し維持するという欲求や願望と関連して義務として要求されているはずであるのに、そうした要求のもととなった欲求や願望があからさまには明示されない仮言命法、これが定言命法だというのである。つまり、われわれの基本的な道徳的判断はすべて、その起源が曖昧な社会的要求を代弁しているのであり、発言者は共同体の一員としてそうした要求を表明している。こうして、カントの定言命法においては欠落していたはずの条件節が、マッキーにおいては「制度化された社会的要求」[8]によって埋め合わされ、その無条件性が否定されることになるのである。

もっとも、第8講で「偽りの約束」の格率を定言命法に即して検討した際に見たように、カントにおいても、定言命法は、一方で行為者が約束という制度を前提としながら、他方で自分だけを例外化するような格率を普遍化不可能として禁じているのであり、この意味で、約束を守る義務がいかにして生じてくるかに関してカントとマッキーとの間に解釈の相違はない。逆に言えば、マッキーもまた、制度と欲求によって約束を守る義務が与えられると理解するときには、定言命法の基本方式に規定された普遍化可能性の原理に依拠していることになる。もしそうであるとすれば、たとえ多くの定言的に表現された義務が、実際にはマッキーの言うように制度化された社会的要求の表現であるとしても、これを、本来義務を義務として導出し確定する原理である定言命法そのものにまで当てはめて解釈し、客観的価値の存在を否定することには大きな問題があると言わざるをえない。この問題は、一方では、われわれの道徳をはたして人々の欲求に基づいて設立された一つの制度とみなすことができるかどうかという問題にかかわり、他方では、欲求や傾向性に依存せずに行為を指導しうる価値は存在しないのかどうか、カント的に表現すれば、理性がそれだけで意志を規定することはできないのかどうか、つまり、人間の自由をどのように理解するかという問題にかかわる。次節では最初の問題を取り上げ、自由の問題は次講において考えることにしよう。

第2節　制度と道徳

プロメテウス神話

すでに見たように、マッキーは、行為者の欲求や傾向性に依存せずに行為を指導しうる価値は存在しないと主張するが、この見解は、道徳的判断を内的判断に限定し、ある人があることを行なうべきであるのは、その人がそのことを行なう理由をもっている場合にかぎられ、しかもこの行為の理由は、行為者自身の目標や欲望あるいは意図のうちに根ざしていなければならないとするハーマンの見解と軌を一にしている。こうしたマッキーの議論の背景にある道徳観を見ておくことにしよう。

彼によれば、道徳の機能は主に、「人間の限りある同情心に対抗すること(9)」にある。つまり、人間は自然のままではお互いに援助し合うよりは、はるかに利己的な目標に関心をもつ傾向を有し、これが、限りある資源や限りある情報、限りある知性などによって制限されている人間の生活をますます悪化させることになる。道徳とは、こうした人間の一般的で恒常的な窮状に対処するための「限りある同情心を乗り越える工夫」[10]であるというところにその本質を有しているのである。

　道徳の機能と本質に関するこうした説明は、例えばプラトンの『プロタゴラス』において、プロタゴラスが語る神話として与えられているものと同じである。それによれば、かつて神々が死すべき者どもの種族を創ったとき、これらの種族にふさわしい装備をととのえ、能力を分かち与える仕事はエピメテウスに委ねられた。彼は、いかなる種族も決して滅亡することのないようにそれぞれの種族にさまざまな能力を分配し、装備を与え、食物を用意してやったが、しかし彼はあまり賢明ではなかったために、人間には何の装備も与えないうちに、すべての能力を分配しつくしてしまった。そこで、兄のプロメテウスは、神々のもとから「技術的な知恵」と「火」を盗み出して、人間に与えた。これによって、人間はなんとか生き延びることができるようになったが、しかし最初のうちは、人間はばらばらに住んでいたため、ものを作る技術だけでは獣たちに太刀打ちできず、しだいに滅ぼされていった。また、獣たちから身を守るために互いに寄り集まっても、「国家社会をなすための（政治的）技術」をもっていなかったために、人間たちは互いに不正を働き合い、かくして再びばらばらになって滅亡しかけた。そこで、人間の滅亡を心配したゼウスはヘルメスを遣わして、人間たちに「つつしみ」（αἰδώς）と「いましめ」（δίκη）をもたらすことにした。これが、国家の秩序をととのえ、友愛の心を結集するための絆となって、ようやく人間たちは安全に暮らすことができるようになった、というわけである。[11]

　このプロタゴラスの物語るプロメテウス神話がヘシオドスなどによるそれと異なるのは、「ものを作る知恵・技術」と「国家社会をなすための知恵・技術」とを区別し、後者が「つつしみ」と「いましめ」によって成立するとしている点であるという。[12]つまり、たんに人間が生存するだけではなく、共同体を形成して生活するためには道徳が必要である、という見解である。たんなる人間の生存のためにではなく、より安全でそれゆえ幸福な生活のために道徳が必要であるという見方は、マッキーも指摘するように、ホッブズの場合も同様であろう[13]。そして、正義を、「人類が置かれている状況や必要から生じる人為あるいは考案によって快や是認を生むような徳[14]」と規定し、正義の起源を、人間の利己性や限定された寛大さ、および人間の欲求に対して自然が与えるものの乏しさのうちに求めるヒュームもまた、こうした見解を支持している。

しかしながら、こうした機能主義的な道徳理解にはいくつかの問題がある。第一に、たとえ道徳が、人間が共同体を形成し維持するために必要とされるものであるとしても、そこからただちに道徳が共同体ごとに異なるという結論が導き出されるわけではない。正義の諸規則を人為的（artificial）とみなすヒュームも、だからといってそれらが恣意的（arbitrary）であるのではない、と言う[15]。ヒュームは道徳の原理があらゆる社会において同一であるということを認めていたが、プロタゴラスの語る神話でも、「つつしみ」と「いましめ」はすべての人間に等しく分け与えられたのであり、それゆえにこそ共同体は成立しうるとされている。もしそうであるなら、たとえ道徳ないし正義が人為的であるとしても、それは道徳がすべての人間に共通の制度であると語ることとどのような違いがあるのだろうか。また、もし道徳がたんに人間の生存のためにではなく、より安全でより幸せな生活のために必要な工夫であるとすれば、道徳という制度をもたない人間の生活というものが考えられることになるが、はたしてそうなのであろうか。マッキーは、「もし人が非常に情け深く、各人がすべての人の幸福だけを目的とし、誰もが自分のことのように隣人を愛するならば、正義を構成している諸規則は必要のないものとなるだろう[16]」

と述べているが、むしろ、こうした人々の社会で実際に働いているものこそ、正義の原理そのものにほかならないと言うべきではないのだろうか。道徳を一つの制度とみなし、道徳規則を人間の決定に由来するものとみなすポパーの議論を参照しつつ、さらに考えてみよう。

ポパーの批判的二元論

ポパーの議論は、自然と社会の相違についての理論的理解にとって前提となる「自然法則」と「規範法則」とを区別するところから始まる。[17]「自然法則」とは、「厳密な不変の規則性」を述べるものであり、それらは変更不可能であって、それに対する例外というものは存在しない。自然法則は「人間が統御できない」というところに一つの本質を有する。これに対して「規範法則」とは、「法令であろうと道徳的戒律であろうと、人間が強制できるもの」であり、それゆえに、またそれは、「変更できるもの」である。[18] 例えば、ある様式の振る舞いを禁じたり要求したりする規則、十戒のような宗教的・道徳的な掟や国会議員選挙の手続きを規定する法規などがそれである。これらについては、「よい」法とか「悪い」法、「正しい」法とか「誤った」法などと記述することはできるが、自然法則のように「真の」とか「偽の」と呼ばれることはできない。しかも、それらの規範が有意味なものであるとすれば、われわれが破ることのできるものであり、逆に破ることのできないものであるとすれば、それは規範法則として無意味である。[19] そして、「有意味な規範が守られる場合には、これはつねに人間の統制——人間の行為と決定——に起因する。通常それは制裁——その法を破る者たちを罰したり拘束したりするような——を導入しようする決定に起因する」[20]。

自然法則の不変性と人間による統御不可能性、規範法則の可変性つまり決定に基づく統御可能性という区別は根本的であり、両者は「ほとんど名前以外の何ものをも共有していない」とポパーは言う。彼の「批判的二元論」とは、こうした自然法則と規範法則との厳格な区別、事実と決定の還元不可能性を主張するものにほかならない。「批判的二元論が主張するのは、規範や規範法則は人間が作り、また変えることができるものであること、もっと詳しく言えば、それらを守ったり変更したりしようとする決定ないし規約によって作ったり変えたりできるものであること、それゆえにそれらに対して道徳的責任があるのは人間であること、だけである(21)」とポパーは語る。つまり、規範の変更可能性の強調とは、規範を維持するのであれ変更するのであれ、その責任はすべて人間にあるという、規範に対する人間の責任の強調なのである。もちろん、ほとんどの場合、規範はわれわれの決定に先立ってすでに社会の中に現存している。しかし、それらを変更するために人間が何ごとかをなしうるということがわかったあとで、あえてそれを受け入れようとするのかそれとも変更しようとするのか、そのような仕方でわれわれには責任がある。たとえわれわれの社会における道徳規範の最初の立法者がわれわれ自身ではなく、伝統的に踏襲されたものであるとしても、そのような道徳法則を採用したり拒絶したりすることに対して責任があるのは「われわれであり、またわれわれのみ」なのである。

ポパーにおいて、この決定という契機の重視はきわめて基礎的な規範にまでおよんでいる。「決定を下したり、或る規範や基準を採用することは一つの事実である。だが、採用された規範や基準は事実ではない。大ていの人が〈汝盗むなかれ〉という規範に同意するということは一つの社会学的事実である。だが〈汝盗むなかれ〉という規範は事実ではない、事実を記述する文からは決して推理できない。このことは、或る当面する事実に対してつねに多様な対立し合う決定さえも可能であるということを思い起こすとき、きわめて明瞭になる。例えば、大ていの人々が〈汝盗むなかれ〉という規範を採用するという社会学的事実はあるのだが、それでもなおこの規範を採用するかその採用に反対するかを決定することは可能である」[22]。もっとも、ヒュームと同様にポパーにおいてもまた、規範が人間の作ったものであり、それゆえ変更可能であるということは、それらがまったく恣意的であるということを意味するものではなく、いかなる規範体系も他の規範体系と同様に正しいということを帰結するものではない。こうしたポパーの議論は、われわれの倫理的決定の最終責任はわれわれ自身にあるということの自覚を促すものであり、他のもの、すなわち神や自然、あるいは社会や歴史に責任を転嫁するような倫理理論への強烈な批判なのである。

【例題26】 投票に行ってもどうせ政治は変わらないし、ろくな政治家はいない。だから投票には行かない。ポパーの立場からすれば、このような態度はどのように批判されうるだろうか。

ウィンチのポパー批判

こうしたポパーの批判的二元論に対して、道徳のある側面に関しては、それがもっぱら規約すなわち決定に基づくのではなく、むしろあらゆる規約の前提となっていると言わざるをえない場面がある、と批判するのがウィンチである[23]。

ウィンチの異議はまず、ポパーが規範法則の変更可能性と規範に対する違反の可能性とを同一視する点に向けられる。ウィンチによれば、所与の規範のいずれに対しても、人はそれを遵守しないことを選択できると語ることが理解可能であるということは、確かに「規範」という言葉の文法の一部をなしている。しかしこのことは、いかなる規範についても変更の可能性があると語ることがつねに理解可能である、ということを含意するものではない。ある種の規範に関しては、「この種の規範を遵守しないという考え自身が、人間の社会生活という概念が含む或る特徴によって理解不可能となる」[24]、そのような規範が存在するからである。

確かにこれまで見てきたように、われわれの社会規範はきわめて多様であり、善悪や正不正に関して人々が抱いている考え方もさまざまに異なっている。こうした多様な規範が歴史的で偶然的な性格を除去しがたい仕方で含んでいるということは否定しがたい。だがウィンチによれば、だからといって、これらの変化や多様性の中にはいかなる不動の点もなく、人間の行動規範はすべて他のようにもありうるのであって、したがって人間の道徳に関するすべてのことは原理的に規約的であるということにはならない。

例えば、道徳は、いわば「道徳共同体」という共同体の生活の内部でのみ意味をもつという議論がある。われわれが他の動物や植物などを道徳共同体の中には数え入れてこなかったこと、それゆえ、それらに対する直接の義務や責任という観念をもつことはなかったこと、否、現代の一部の環境倫理学者のように動植物をも道徳的配慮の対象とすべきだと主張するときには、生態系といったある種の共同体を想定せざるをえないことなどを考え合わせるならば、確かにこのことは首肯できる。しかし、ウィンチによれば、この道徳共同体という表現が、人間社会全体の一部分としての共同体を意味するものであれば、それは誤りである。なぜなら、道徳共同体は、例えば「科学共同体」のようなものとは、ある点で根本的に異なるからである。確かに、科学が人間の活動の一つの形式であるという意味では、道徳も人間の活動の一形式であろう。しかし、科学は、それに従事するか否かを人が任意に選択できるものであるのに対して、道徳はそのようなものではない。それゆえ、科学共同体を含まない人間の社会は考えられるし、現に存在してもいるが、「或る意味で同時に道徳共同体であるという性格をもたないような人間社会はおよそありえない」[25]のである。われわれは道徳に関係をもとうと選択し決定することによって、道徳の問題に巻き込まれるのではない。道徳の問題は、人がそれに関係をもとうと思うか思わないかにかかわらず、問題そのものがわれわれに迫ってくるのである。もちろん、その人が道徳的に鈍感であって問題に気づかないとか、堕落していて問題を問題として認めないというようなことはあろうが、しかし道徳の問題に正面から立ち向かわないことによって、まさに彼は一つの道徳的判断を下していることになるのである。つまり、少なくとも道徳にかかわるかどうかは、いずれに決定しても道徳とは別の地平から等距離にあるという意味で人が任意に決定しうる事柄ではない。

さらにウィンチは、人間の合理性は性格上本質的に社会的であるというヴィトゲンシュタイン（Ludwig Wittgenstein, 1889-1951）に由来する論点から、道徳共同体という観念の特異性を指摘する。すなわちウィンチによれば、「真実を語ること」について、およそ誰も当てにできないとか、ほとんどの人が当てにならないがゆえに、真偽について一致が見られないというような場合はありえない。なぜなら、「ある社会が言語を有しているが、そこでは真実を語ることが規範とはみなされていないという観念は、自己矛盾的である……。真なる言明と偽なる言明の区別という考え（それゆえ言明という考えそのもの）が、真実を語るという規範の一般的遵守に先立つことはありえないだろう[26]」とウィンチは言う。彼によれば、「真実を語る」と「真実を語らない」の区別と、「真実を語る」という規範の遵守との関係は、道路の右側通行と左側通行の区別と、車の左側通行という規範の遵守との関係とは、まったく異なるのである。後者の場合には、われわれはまず二つの選択肢を考え、次にいずれを採用するかを決定することが可能である。しかるに、「真実を語る」という規範の遵守と言明の真偽の区別とは軌を一にしており、前者なしには後者もありえない。「真実を語るとは何かを学ぶことが話すことを学ぶ過程の一部をなしており、しかもこれは同時に、真実を語るのが規範であり偽りを語るのが逸脱である、と学ぶことを伴っている[27]」のである。

したがって、確かに「真実を語る」という規範は、自然法則によって規定されているわけではなく、その意味で「社会的規範」であると呼ぶことができるとしても、もしこれによって、当の規範が一般に遵守されていないような人間の社会も可能であると想定されるとすれば、それは文字どおりナンセンスである。それゆえ、「この規範の一般的な遵守は、規約が存在するいかなる社会にとってもその特徴をなしており、すなわち、すべての社会というものの特徴なのである[28]」とウィンチは主張する。もちろん、相手がいかさま師だと互いに承知している者同士がトランプ賭博をする場合のように、誰もこの規範を遵守しないような状況もありうるだろう。しかしウィンチによれば、この種の状況をホッブズのように社会全体の縮図とみなすのは誤りである。なぜなら、確かに、われわれが言葉を用いて（真実を語らずに）他人を意のままに操作することは可能であるが、しかし、そもそもわれわれがこのように言葉を使用して他人を操作することができるのは、少なくとも話し手が語っていることを理解していると聞き手が思うかぎりにおいてであり、真実を語るという規範の一般的遵守こそが嘘を有効なものとするのである。同じことが、ウィンチによれば、制度に対する「誠実さ」（integrity）という、より一般的な概念にも当てはまる。誠実さという概念は、「制度にかかわり、責任を負う」（commitment）という概念から分離できず、誠実さを欠くということは、ある役割を引き受けているように見えながら、その役割に関して制度によって要求された責任を負うつもりもなしに行為するということである。もしこのようなことが規則になったとすれば、社会的役割という概念全体が崩壊し、役割諸関係によって構成されている社会そのものが維持されえないことになる。もちろん、どのように振る舞うことが誠実なことであり、また不誠実なことかということは、それぞれの社会制度によって異なるであろうし、また制度が要求する役割に誠実であるというだけで、その人間が道徳的に称賛されるわけではない。それにもかかわらず、一般に、制度に対して誠実であるべきではないというような規約を採用することは不可能なのである。

これらの規範は、われわれ人間にとって、たんに生存するだけではなく、より安全に、そしてより幸福な生活を送るための工夫であるということを超えた意義をもっている。こうした規範なしには人間の共同体が共同体として成立せず、しかも人間は共同体の中においてのみ人間でありうるとしたならば、こうした規範に関してはもはや変更可能性という概念を使用することはできない。カントが定言命法という思想において表現したものもまた、こうした理法だったのではないだろうか。

［注］

（1）マッキー『倫理学』、七頁。

（2）同書、三九頁以下参照。ただし、異端者や改革者の主張をすべて生活様式の反映という仕方で理解できるかどうかは疑わしい。少なくとも生活様式はどのようにして変遷するのか、ということが説明されなければならない。

（3）同書、四二頁以下参照。ただし、第2講で見たように、「残虐」とか「残酷」という言葉は、それ自体、決して自然的事実を記述しているのではなく、すでに道徳的判断を含むことに注意しなければならない。

（4）同書、五一頁以下参照。

（5）このことはカント自身が認めている。カント『道徳形而上学の基礎づけ』、九三頁以下参照。

（6）サール『言語行為』、第8章参照。マッキーは前掲書の九一頁以下において、これを要約している。

（7）マッキー、前掲書、五二頁。

（8）第3講で取り上げたハーマンの言葉を借りるならば、これは「ある集団の暗黙の合意」ないし「暗黙の規約」である。

（9）マッキー、前掲書、一五七頁。

（10）同書、同頁。

（11）プラトン『プロタゴラス』、一三六頁以下。

（12）藤沢令夫による『プロタゴラス』解説、同書、二五四頁以下参照。

（13）第5講および第10講参照。ホッブズでは「自然法」が道徳にあたる。

（14）ヒューム『人性論』、五一三頁。

（15）同書、五三五頁。

（16）マッキー、前掲書、一六〇頁以下。

（17）以下、ポパー『開かれた社会とその敵　第一部』、第5章「自然と規約」参照。

（18）同書、七一頁以下参照。
（19）例えば、「所有している以上の金を使うな」は有意味な規範法則であるが、「財布の中にある以上の金を財布から出すな」は、破られることがないのだから、道徳的にも法的にも有意味な規範法則ではない。
（20）ポパー、前掲書、七二頁。
（21）同書、七四頁。
（22）同書、七七頁。
（23）ウィンチ『倫理と行為』、Ⅲ「自然と規約」参照。
（24）同書、七〇頁。
（25）同書、七八頁。
（26）同書、八二頁以下。この点こそが、第8講で見た「人間愛からならうそをついてもよいという誤った権利に関して」でカントが強調したことであった。
（27）ウィンチ、前掲書、八三頁。
（28）同書、八四頁。

第12講　自由と道徳

第1節　自由意志問題

カント倫理学は、われわれ人間が、欲求や傾向性に依存せず、理性のみによって意志を規定することができるという前提を有している。カントはここに人間の自由を認め、この自由のおかげで、われわれは定言命法に従うことができると考えられるのである。だが、前講で見たように、理性を情念の奴隷とみなすヒュームにおいても、あるいは客観的価値の存在を否定するマッキーにおいても、こうした理性の能力は否認され、われわれは欲求や傾向性に導かれることがなければ行為へと規定されることはないと考えられる。この対立はまさに、自由をどのように理解するか、という問題に帰着する。われわれはいったい、どのような意味で自由であり、また自由ではないのであろうか。

自由意志問題の発生

自由意志問題、すなわち意志は自由か否かという問題は、決定論的な世界観を背景として生じる問題である。もし世界の出来事がなんらかの仕方で必然的に生起し、人間の行為もまた必然的な連鎖のうちに存しているとすれば、現実に生起した行為は他の仕方では生起しえなかったことになり、そうした行為に関して人間に責任を帰することは不合理なことになろう。だが、現にわれわれは人間にはその行為に対して責任があると考えており、自由や責任という概念なしには、われわれの実践的世界はそれとして成立しえない。とすれば、行為を引き起こす意志は、どのようにして必然的に決定されているとみなされる世界のうちで自由でありうるのだろうか。あるいは、意志は自由ではないにもかかわらず、人間には責任があると考えられるのだろうか。こうした問題が、「自由意志問題」あるいは「決定論と自由の問題」と呼ばれているものである。

古代ギリシアにおいては、これはストア派によって提起された。すなわち、エピクロス派が自然機構の説明方式として原子論を採用し、世界の出来事をすべて原子の必然的な運動の帰結として説明したのを承けて、ストア派は、こうした必然的に決定された世界においても、人間にはその行為の責任を問うことができ、それゆえ悪行に対しては正当に刑罰を科すことができるという、決定論と自由ないし責任との両立可能性、すなわち「柔らかい決定論」を主張したのである。例えば、ストア派の創始者ゼノン（Zenon, 335-263B.C.）はあるとき、一人の召使を盗みのかどで鞭打ったが、その召使が、「私は盗みをするように運命づけられていたのです」と弁解すると、「そう、そして鞭で打たれるようにもね」とやり返した、と伝えられている。(1)

しかし、この問題が思想の中心的かつ緊急の課題として現われたのはキリスト教神学においてである。すなわち、一方で創造神の摂理という観念を受け入れ、神の全知と全能を前提とするならば、人間における自由意志の存在は否定されざるをえないように思われる。神が人間の行為だけではなく、その意志をも予知しているならば、意志の自由は存在すべくもないであろう。しかるに他方で、この世界における悪の経験は否定しがたい。人間に自由意志が欠けているとすれば、この悪の存在の起源は神自身のうちにあるとみなされなければならない。しかし、たんに神が悪の存在を許容するだけではなく、自らそれを生み出したというようなことを受け入れることは、明らかに神の全知全能への信仰に反する。ここにおいて、悪に対する人間の責任をどのように基礎づけるのか、自由意志という概念を神の全知全能とどのように両立させることができるのか、ということが問題となるのである。そして、近世においては、この世界の決定性をもたらすと考えられるものが、神の摂理から自然法則の必然性という概念へと移行させられただけで、まったく同じ問題構造をもって問われることになる。[2] それでは、このような問題に対して、ヒュームのような経験論者はいったい、どのように応えるのであろうか。

ヒュームの自由意志否定論

本書においても、われわれはしばしば、行為の意図や動機について語り、行為を引き起こす意志について語ってきた。このように、行為を「意志作用」と呼ばれる心的状態によって引き起こされた事態（身体的動作）と捉える見方は、近世においてはデカルトにおいて始まる。彼によれば、「意志作用」という思惟の働きが「意志による運動」という行為の起源なのである。ただし、デカルトにおいては、意志を属性とする「精神」と延長を属性とする「物体」（身体）とは二つの異なった実体であり、両者が人間において現実に結合し、相互に影響を及ぼしていることは疑いえないとしても、それらがどのように結合しているかということは説明の困難な問題として残されることになった。現代でもさかんに議論されている「心身問題」がそれである。デカルトの一つの説明によれば、意志作用という思惟の働きは、脳のうちにある小さな腺（松果腺）を通じて身体に働きかける。だが、このように精神から身体への移行の可能性を認めるならば、逆に意志作用に対する物体の影響を拒否することも困難になる。すなわち、意志による身体の運動が「意志作用」によって引き起こされた事態であるならば、意志作用が「動機」によって引き起こされ、動機は「性格」によって形成され、性格はまた「遺伝」や「環境」によって形成されるという想定を否定する根拠が失われるように思われるのである。確かにデカルト自身は、「意志作用」と「意志による運動」との間にのみこのような因果関係を認めたのであって、意志はあくまでも自由であると考えていたが、しかし、このような仕方で精神と身体の相互作用を認めることによって、自由意志という概念を解消する試みに道を拓くことにもなったのである。(3)

実際ヒュームは、この精神と身体との関係の問題を、精神の働きをも物体の働きの様式で説明するという仕方で徹底させることによって、自由意志という概念を否定する。ヒュームによれば、自然界の物体の作用は必然的であるが、この必然性の認識は、「恒常的連結」と「心の推理」とによって与えられる。つまり、ある事象が他の事象につねに引きつづいて生起するのを見るとき、われわれはそこに必然的な結合が存在すると推理するのであり、外的物体の作用はすべてこのような仕方で必然的であるとみなされる。(4) ところが、この「恒常的連結」と「心の推理」という必然性の認識にとって本質的な事柄は、人間の行為についても同様に見受けられる。第一に、われわれの行為は、動機や気質、環境などと恒常的に連結しているのであり、同じ動機があれば同じ行為が生み出される。それは、同じ原因から同じ出来事が生起するのとまったく同一の事態である。しかも、こうした動機と行為の恒常的連結がわれわれの心に一方から他方を推理するよう規定するという点でも、人間の行為に関する事柄は自然界の作用と同一である。実際われわれは、これこれのことを行なうならば他の人はしかじかのことを行なうだろうと推論しているのであって、さもなければ日常生活を円滑に営むことすらできないであろう。つまりわれわれは、意志の働きが必然性から生ずると信じているのである。

しかも、このように行為に関しても、物体に関して見いだされるのと同様の必然性の徴表が見いだされるかぎり、「自然の原因」と「意志的行為」とは一つの鎖として結合されていると考えなければならない。行為は動機によって生み出され、動機は性格から生じ、性格はまた環境や教育によって形成される。このように世界の出来事はすべて必然的な因果連鎖をなしているのであり、それゆえヒュームにとって、意志が自由であるという考えはまったく奇妙であり理解しがたいものなのである。ただし、ヒュームも、人間に関していかなる意味でも自由を認めないというのではない。彼にとっては、「強制の不在」ということこそが自由の本来の意味である。つまり、われわれが何を意志するにせよ、意志したことが、意志以外の要因によって妨げられることなく、意志したとおりに行為において実現されるということ、これが人間の自由なのである。

このように、行為はその「直前の欲求」としての意志によって引き起こされるが、この欲求はまた他の原因によって必然的に引き起こされるという見方は、ホッブズからロック、そしてヒュームへといったるイギリス経験論の伝統に共通した行為理解であった[5]。行為の原因が欲求であり、この欲求にはさらにそれを引き起こす原因があるというこうした見方においては、実際ヒュームにおいてもそう考えられていたように、理性が意志を規定して行為を引き起こすとみなす余地は存在しない。

【例題27】 われわれの通常の理解によれば、ある人がその行為に対して責任があるのは、その行為とは別の行為をすることができたのに、その行為を選んだとみなすことができる場合にかぎられるであろう。つまり、「他行為可能性」が帰責の根拠なのである。しかし、経験論者たちのように、行為といえどもなんらかの根拠によって必然的に規定され決定されていると見るならば、この他行為可能性は否定されざるをえない。それにもかかわらず、帰責という営みの合理性を確保しようとするならば、ある人を非難し罰する根拠は、彼がある罪を犯したというところにではなく（なぜなら、彼はそれを回避することはできなかったのだから）、彼を罰することによってなんらかの有益な結果（例えば、他の人が同じ罪を犯すことを抑制するというようなこと）が期待できるというところに求められるほかはないであろう。このような帰責理論には、どのような問題があるだろうか[6]。

第2節　カントの自由論

認識の基本構図

近代の自然科学は、世界のすべての事象が必然的に規定されており、一見不規則で無秩序に見える現象も実は法則的な必然性をもって生起しているのだ、という強固な信念をわれわれに植えつけた。ラプラス（Pierre S. Laplace, 1749-1827）という科学者によれば、自然界は厳密な因果法則によって支配されており、その基礎を与えるのは原子などの構成要素のニュートン力学的運動であって、それゆえ、この因果法則における初期条件や拘束条件などをすべて認識し計算することができれば、自然界のすべての経過は予測可能である、と主張した。(7) すなわち、すべての「雲」（不規則・無秩序・予測不可能な物理的体系）は「時計」（規則的・秩序ある・予測可能な物理的体系）なのである。(8)

カントもまたラプラスの同世代人であり、自然界の現象に関してはこうした見解を共有していた。(9) にもかかわらず、カントは意志の自由を擁護するのであるが、しかし、一方で自然界が法則によって厳密に支配されていると前提しながら、なおかつ意志が自由であると想定することはいかにして可能なのであろうか。カントの戦略は、まず自然法則が成り立つ世界と自由が可能となる世界とを区別し、次にこの自由を、われわれがすでに有している道徳法則の意識に基づいて現実に存在するものとして立証しようというものである。最初の論点から検討してみよう。

カントによれば、われわれはものをあるがままの姿で認識することはできない。われわれが認識しうるのは、われわれの感性に与えられたかぎりでの対象であり、対象はわれわれの感性的直観の形式である時間と空間においてわれわれに与えられる。だが、このようにして与えられた対象、すなわち現象は、それだけではばらばらな知覚をなすだけであって、統一された認識には至らない。われわれが与えられた諸現象を統一して一つの認識へともたらすためには、悟性という能力が必要である。悟性は、経験に先立ってそれ自身が有しているカテゴリーに従って諸現象をとりまとめることにより、対象に関する認識を成立させる。「感性がなければいかなる対象も与えられないであろうし、また悟性がなければいかなる対象も思考されないであろう。内容を欠く思想は空虚であり、概念を欠く直観は盲目である。……悟性は何ものをも直観することはできず、感官は何ものをも思考することができない。ただ両者が合一することからのみ、認識は生じうる」[10]のである。

ところで、悟性とは感性的直観に与えられた対象を思考し、それについて判断を下す能力であるが、その際に悟性が使用する原則は、経験に先立って悟性そのもののうちに存しているとみなされなければならない。なぜなら、対象に関する経験的判断を可能にする原則それ自体が再び経験から獲得されたものであると考えることはできないからである。こうした原則は、この意味で「純粋悟性の原則」と呼ばれるが、これらのうちの一つが、「すべての変化は、原因と結果の結合の法則に従って生起する」[11]という原則である。これが、経験に先立つア・プリオリな原則であるということは、われわれが認識するものはすべて、「原因と結果の結合の法則」すなわち「因果律」に従っているものとしてのみ認識されうるということを意味する。カントによれば、自然界の諸現象がすべて法則によって支配されているということは、この純粋悟性の原則がなければわれわれにはそれらを認識することすらできない、ということを意味するのである[12]。

純粋理性のアンティノミー

このような原則は本来、われわれの経験的認識の領域内でのみ使用できるにすぎない。つまり、感性的直観に与えられた対象に関してのみ、この原則は妥当するのである。しかるに、われわれの理性は、その本性からして、可能的経験の領域を超え出ようとする。例えば、われわれは宇宙の始まりについての問いを発することがあるが、いかなる答えが与えられようとも、いつでも「その先は」とさらに問うことができる。カントによれば、われわれ人間の理性は、理性の能力を超えているがゆえに答えることもできず、かといって理性自身の本性によって課せられるがゆえに拒絶することもできない問いによって悩まされるという運命のもとにあるのである[13]。これが「純粋理性のアンティノミー（二律背反）」と呼ばれるものである[14]。

先の「すべての変化は、原因と結果の結合の法則に従って生起する」という原則を、それ自体としてはわれわれに与えられていない「世界全体」に当てはめて考えてみよう。まず、われわれの現象の世界についてそう考えられたように、すべては自然の諸法則に従って生起し、「自然に従う原因性」しか存在しないと想定してみよう。このとき、生起するものはつねに他の原因によって引き起こされたのであり、この原因もまたさらに別の原因によって引き起こされたことになる。こうして原因系列の探究は無際限に続かざるをえず、第一の始まりは存在しないことになる。しかるに、すべての変化が原因と結果の結合の法則に従って生起するのであれば、いかなる出来事に関してもその原因がなければならない。したがって、「自然に従う原因性」しか存在しないという想定は維持されえず、われわれは自然法則に従って経過する諸現象の系列を自ら始める「絶対的自発性」という自由（超越論的自由）を想定しなければならない。

他方、こうした絶対的自発性という「自由による原因性」が存在すると想定してみよう。このような原因性には、それに先行してその働きを規定するものは何も存在しないことになる。しかし、こうした想定は再び、すべての変化は原因と結果の結合の法則に従って生起するという原則に反する。われわれの経験がこの原則に従ってのみ可能であるかぎり、このような自由はわれわれの経験のうちには見いだすことができない。したがってこれは、空虚な思惟の産物とみなされなければならず、「自由による原因性」の想定もまた維持されることはできないのである[15]。

このように、われわれの認識を可能にする原則を認識の限界を超えて適用するならば、相対立する命題のいずれもが他方によって反駁されざるをえないという事態が生ずる。これをカントは「アンティノミー」と名づけたのである。だがカントによれば、少なくとも「自然に従う原因性」と「自由による原因性」の両立可能性に関するこのアンティノミーは、次のように解釈することによって解決することができる。すなわち、すでに見たように、「すべての変化は、原因と結果の結合の法則に従って生起する」という原則は、われわれが経験しうる諸現象に関してのみ妥当するのであり、しかもわれわれが認識しうるのは、決してあるがままのもの（物自体）ではなく、われわれの感性的直観の形式である時間と空間のもとに現象する対象だけであった。それゆえ、確かに現象の世界に関しては「生起するもの（現象）はすべて自然の諸法則に従っている」という命題が妥当する。だが、物自体の世界はわれわれの認識能力を超えている以上、これらに関しては必ずしも自然の諸法則に従っていると考える必要はない。つまり、物自体に関しては「いくつかの生起するもの（物自体）は自由である」と考えることが許されるのである。このようにしてカントは、確かに自然界の出来事は厳密に諸法則に従って必然的に生起するのではあるが、しかし、現象と物自体の世界を分離することによって、ものごとを絶対的に自ら始める能力としての自由（超越論的自由）を想定することもまた可能であるということを示したのである[16]。

カントの意志概念

ところで、このような解決は、自由を「考えることができる」ということを証明したにすぎず、われわれの意志が現実に自由「である」ことまでをも証明するものではない。もしわれわれの行為が、ヒュームの想定するように、つねに欲求や傾向性に従ってのみ引き起こされるのだとすれば、行為を自ら始める能力としての自由意志は、依然として「空虚な思惟の産物」にすぎないことになろう。それではカントは、この問題についてどのように考えるのであろうか。

カントによれば、そもそも、われわれの行為の源泉である意志を欲求や欲望あるいは衝動や傾向性などに還元することは不合理である。後者は、因果的に規定された自然必然性にほかならない。確かにわれわれは、自然のメカニズムに従ってなんらかの傾向性をもって生まれ、またこの傾向性のゆえに、ある種の刺激を受ければある特定の欲求をもつように規定されているのかもしれない。もしそうであるなら、こうした欲求や傾向性に基づく行為が自由であるとはいっても、それはたんに、自ら回転しているように見えながら実際にはゼンマイによって動かされている「回転串焼器の自由[17]」にすぎないであろう。だが、人間の行為をこのような感性的衝動による直接的な意志規定から生じるものと見るならば、実際ヒュームにおいてそうであったように、人間の「行為」と自然の「出来事」とは必然的に連鎖をなしているものとみなさざるをえず、両者の根本的な区別は見失われてしまうのである。

それでは、カントにおいて、行為を引き起こす「意志」とは何であろうか。カントによれば、「自然の事物はいずれも法則に従って作動する。ただ理性的存在者だけが、法則の表象に従って行為する能力を、すなわち原理に従って行為する能力を、言いかえれば意志を、所有する[18]」。あるいは、「意志は、理性的である限りでの生物がもつ原因性の一種であり、自由とは、この原因性が、それを規定する外からの原因に依存しないで作動できるときにもつ特性ということになろう[19]」とも言われる。このようにカントにおいては、意志は理性的存在者に固有の能力と考えられており、まさに自然必然性という自然の事物の運動を規定する原因性から独立に意志が自らを規定する、というところに自由が成立するのである。しかし、意志がいかなる欲求からも独立に自らを規定するということは、いったい、どのような事態なのであろうか。

自律と他律

カントによれば、意志が欲求や傾向性から独立に、つまり自然の諸法則に規定されずに作用するということは、意志がいかなる法則によっても規定されないということを意味するのではない。意志がまったく盲目的な偶然性に委ねられるのではないとすれば、それは確かに、ある種の法則に従っているのでなければならないであろう。むしろなんらかの法則に従っているからこそ、それは「意志」と呼ばれうるのである。しかしそれは、自然の諸法則ではありえない。自然の諸法則に従っているかぎり、意志は欲求や傾向性によって規定されているのであり、それは「意志の他律」である。だが、意志の他律は、自然の事物が自然の諸法則に必然的に規定されている場合の他律、すなわち「自然の他律」とは異なる。もし意志が自然の事物と同じ仕方で自然の諸法則によって規定されているのであれば、そのような意志というものはまったく理解しがたいものとなろう。すでに述べたように、この場合には、人間の行為と自然の出来事を区別することが不可能となるからである。

それでは、意志の他律とは、実際にはどのような事態なのであろうか。カントによれば、「意志が自らを規定すべき法則を、意志の格率が意志自身の普遍的立法に役立つということとはなにか別のことのうちに求めるときには、つまり意志が意志自身を越え出て、意志のなんらかの客観の性質のうちに法則を求めるときには、つねに〔意志の〕他律が生じる」[20]。つまり、意志が、欲求や傾向性に自らを委ね、それによって規定されることを自ら許すということ、これが意志の他律なのである。意志は、いかに他律的な意志であっても、それが意志であるかぎり、自然の事物のように外から与えられた法則によって直接的・無媒介的に規定されるのではない。意志が理性的存在者に固有の能力であるかぎり、他律的意志とは、欲求や傾向性に服従することを理性的に選択した意志とみなされなければならない。さもなければ、われわれは、感性的衝動によって必然的に規定される「動物的選択意志」と「人間的選択意志」とを区別することができないからである。そしてまた、意志をこのようなものとして捉えるからこそ、欲求や衝動によって意志が規定されたように見えるいかなる行為についても、それが人間の行為であるかぎり、行為者にその責任を問うことができるのでもある。

さてそれでは、意志が自然の諸法則に依存しない場合、つまり欲求や衝動に自らを委ねるのではなく、まさに意志が自ら自分自身を規定する場合の法則とはどのような法則であろうか。それは、いま述べたところから明らかである。すなわち、「意志の格率が意志自身の普遍的立法に役立つということ」を規定する法則である。これは第8講で検討した定言命法の基本方式が命ずるところにほかならない。この法則に従って自らを規定した場合に、意志はまさに「自律」するのである。第10講で見たように、意志の自律こそが定言命法の表現する原理なのであった。

経験論批判

ところで、このような議論は、もし人間の行為が自然の出来事とはその原因のあり方において異なっているとすれば、意志とはどのような概念でなければならないかを示しただけであり、われわれの意志が現実に自由であるということ、つまり欲求や傾向性に自らを委ねるのではなく、定言命法の要求に従うことができるという意味で自由であるということをそれ自体として論証したわけではない、と考えられるかもしれない。ヒュームなら、依然として、われわれの意志は欲求や傾向性によって規定されざるをえないのであり、これがわれわれ人間の現実だと主張するであろう。確かにわれわれは、意志がこのようにして自らを規定し、定言命法に従って行為することができるということを、経験によって証明することはできない。自由はいずれにしても経験的認識の対象ではないからである。だがこの意味では、われわれのすべての行為において欲求や傾向性が主導原理となっているということもまた、経験的に確証された事柄ではない。それもまた、われわれの行為を理解するための一つの理論にほかならないのである。

しかし、われわれはここで、なぜヒュームのような経験論者が、われわれの行為の観察において自由を認識することができないということから自由意志を否認するにいたったのかを理解することができる。すなわち、欲求や傾向性から独立に作用しうる意志という概念、この意味での自由意志という概念は、定言命法を前提としてのみ成立しうる。つまり、道徳的価値はなんらかの目的を達成するために有用であるという意味での相対的価値ではなく、意志それ自体のよさでなければならず、この意味での絶対的価値は定言命法においてのみ表現されうるということを前提としてはじめて、欲求や傾向性に基づくいかなる目的の表象によっても規定されず、法則の形式のみによって規定されうる意志という概念は獲得されうるのである。欲求や傾向性によって規定された意志、なんらかの目的の表象に基づいて自らを規定する意志という「意志の他律」が道徳性の原理たりえないのは、そうした原理はつねに仮言命法として行為を指令することができるにすぎないからであった。しかるに、経験論者はまさにこの意志の他律のうちに道徳的価値を認める。ヒュームにとっては、道徳的善悪の区別は快楽と苦痛という感情に依存し、それゆえ、われわれに快楽を与えるものが善であり、不快を与えるものが悪なのであった。快楽や幸福という目的こそが、行為に道徳的価値を与えると考えられるのである。しかし、このようにわれわれが仮言命法に従ってのみ行為すると考えられるかぎり、意志の規定根拠が問題となるときには、つねに自然の他律の可能性が無批判に前提とされざるをえない。経験論の伝統において実際にそうであったように、意志はたんなる欲求に還元され、最終的には自然必然性に従う因果系列の一項とみなされるか、あるいはそうした因果的規定を拒否する場合には、まったくの「無差別の自由」という不合理な概念が意識されるほかはなかったのである。こうした自然の諸法則による意志の直接的な規定と無差別の自由との狭間に「意志の自由」を位置づけるためには、先に述べた意味での意志の自己規定、すなわち「意志の自律」という理念が不可欠なのであり、しかもこの理念はまさに道徳性の本質への洞察から獲得される以外にはなかった。つまり、ヒュームとカントにおける道徳性の本質への洞察の異なりが、自由概念の把握の相違をもたらしているのである[21]。

道徳法則による自由の正当化

カントがヒュームに抗して、純粋理性がそれだけで、一切の経験的なものから独立に、したがっていかなる感情をも前提とせずに意志を規定することができるということを積極的に証明しようと試みたのが『実践理性批判』である。この書においてカントは、道徳法則は自由の「認識根拠」であり、自由は道徳法則の「存在根拠」であるという有名な言葉を語っている。なぜなら、「道徳法則がわれわれの理性においてあらかじめ明瞭に思考されていないとしたら、われわれは決して自由なるものが（たとえ自由が自己矛盾ではないとしても）存在するということを想定する権限があるとは思わないであろう。だが、自由が存在しないとしたら、道徳法則は決してわれわれに見いだされはしないであろう[22]」からである。すなわち一方において、もしわれわれの意志が、少なくとも感性的衝動による直接的な規定から独立に作用することができなければ、われわれの意志はつねに意志の対象である客観の表象によって規定されざるをえず、無条件的な義務の遂行を命ずる道徳法則に従うことは本性上不可能となる。われわれが、動物の行動に道徳的価値を見いだすのでなければ、「道徳は、われわれの意志の性質として必然的に自由（もっとも厳密な意味での）を前提する[23]」のである。これが、自由が道徳法則の存在根拠であるということの意味である。もちろん、われわれの意志の自由は経験的には証明されえない。ところがカントによれば、他方において、われわれが道徳法則を意識し、道徳的価値が定言命法においてのみ表現されうるということを確信しているかぎり、われわれは現実に意志が自由であると想定する権限を得ることになる。道徳法則が自由の認識根拠であるとは、このような意味においてである。

もちろん道徳法則は、自然の諸法則とは異なり、事態がこれこれの仕方で経過するという事実を述べるものではない。それは、事実がどのようであっても、つまり、われわれがいかなる欲求や傾向性をもっていようとも、かくかくしかじかの仕方で行為すべきであるという「当為」を与えるものである。しかしカントによれば、われわれはすでにこうした無条件的な当為の意識を有している。例えば、われわれが権力者によって、ある誠実な人物を罪に陥れるために偽証するよう要求されたとしよう。このとき、もし偽証しなければ死刑に処すると威嚇され、あるいは家族にも累が及ぶと脅迫されたならば、確かにわれわれは実際に偽証を拒むと確言することはできないかもしれない。しかし、このような場合でも、われわれは偽証しないことが可能であるということだけは認めるであろう。なぜなら、「いかなる事情があろうとも、誠実な人物を罪に陥れるために偽証すべきではない」という原則が、われわれの理性によってわれわれ自身に与えられるからである。もしこのことを認めることができないとすれば、それは、われわれが自愛や家族への思いといった経験的諸条件を考慮し、「自分の命を救うためには、あるいは家族を守るためには、偽証すべきである」という仮言命法に従っているからにほかならない。カントによれば、われわれは、あることをなすべきである（当為）と意識するがゆえに、そのことをなすことができる（自由）と判断するのである。[24]

われわれは、ある人について、彼の意志は強固であるとか軟弱であると語るときがある。このときわれわれは、意志が現に強さとか弱さといった性質をもつと考えているのであろう。しかし、意志の自由という概念において、この自由は決して強さや弱さと同じ意味で意志の性質であるとみなされてはならない。おそらく経験論者は、このような意味での意志の性質を探究したがゆえに、意志に対して自由という述語を与えることを拒むことになったのであろう。なぜなら、欲求や傾向性から独立に作用しうるという性質を意志に関して経験的に認識することはできないからである。しかし、これまでの検討によれば、われわれがこうした意志の概念を使用し、それゆえ意志が自由であると語ることができるのは、われわれが定言命法の要求を自ら引き受けるかぎりにおいてなのである。すなわち、われわれが行為に際して無条件的な要求のもとにあるということを意識し、それを無条件的な善へと定位し、無条件的な善という観点のもとで自らの行為を考察する用意があるかぎりにおいて、われわれは自由意志という概念を自らに与える権限を得る。カントによれば、道徳法則を自らにとって拘束的であると認める人において、道徳法則は自由の可能性のみならず、その現実性をも証明しているのである。この意味で、「ゼノンの召使」の逸話を翻案したと思われる次のヤスパース（Karl Jaspers, 1883-1969）の言葉は、きわめて印象的である。

われわれが、われわれに対してさまざまな要求が下されているということを認めるならば、われわれはわれわれの自由を自覚しているのである。そうした要求に応ずるのか、それとも回避するのかは、われわれ次第である。われわれがあることを決定し、それによってわれわれ自身について決定するということ、われわれは責任を負っているということ、このような事実についてまじめに異議を唱えることはできない。こうした事実を拒否しようとする者は、当然のことながら、他の人間に対してもいかなる要求をも行なうことはできない。ある被告が法廷で、自分はこのように生まれついており、ほかにはしようがなかった、だから責任はないのだと言って、無罪を申し立てたとき、裁判官は上機嫌で次のように答えた。被告の言うことはもっともであるが、それは被告を罰する裁判官の行為の解釈についても同じことが言えるのである。すなわち、自分はなんといっても裁判官なのであり、必然的に定められた法律に従って行為しなければならないのだから、裁判官もまたほかにはどうしようもないのである[25]。

ソクラテスは、「よく生きる」ことこそが人間の生に人間の生としての価値を与えると語っていた。カントによれば、無条件的な価値である道徳的価値の実現という課題を引き受けることによってのみ、われわれはまさに自由な人間として「よく生きる」ことができるのである[26]。

［注］

（1）ディオゲネス・ラエルティオス『ギリシア哲学者列伝』中、二二四頁。
（2）ラファエル『道徳哲学』、一八八頁以下参照。
（3）デカルト『情念論』、一八二頁以下、および同『哲学原理』、五二頁以下等参照。
（4）ヒューム『人性論』、五〇七頁以下参照。
（5）拙著『カントと自由の問題』、第1章参照。
（6）同書、三六、六六頁以下参照。
（7）ラプラス「確率についての哲学的試論」、一六四頁参照。
（8）ポパー『客観的知識』、第6章参照。
（9）ちなみに、カントとラプラスはともに、太陽系が星雲状の粒子のニュートン力学的な運動から必然的に生成したと唱えたが、これは「カント＝ラプラスの星雲説」と呼び慣らわされている。
（10）カント『純粋理性批判』上、一五三頁。

(11) 同書、三一三頁。
(12) カントの認識論については、バウムガルトナー『カント入門講義』、ヘッフェ『イマヌエル・カント』を参照のこと。
(13) カント、前掲書、二三三頁参照。
(14) カント『純粋理性批判』中、一六二頁以下参照。
(15) 同書、一八四頁以下参照。
(16) 新田、前掲書、第4章参照。
(17) カント『実践理性批判』、二四六頁。
(18) カント『道徳形而上学の基礎づけ』、七八頁。
(19) 同書、一七四頁。
(20) 同書、一六二頁。
(21) 以上については、新田、前掲書、第6章参照。
(22) カント『実践理性批判』、一三三頁以下の「註」。
(23) カント『純粋理性批判』上、四九頁。
(24) カント『実践理性批判』、七六頁参照。
(25) **K. Jaspers, *Einführung in die Philosophie*, S.50f.**
(26) 以上については、新田、前掲書、第7章参照。

第13講　幸福と道徳

第1節　カントの幸福論

われわれはこれまで、目的論的倫理学としての功利主義と義務論的倫理学と言われるカント倫理学とを対照し、あるいは経験論的な道徳理解とカント的な道徳理解とを比較しつつ、道徳性の原理について考えてきた。だがわれわれは、こうした対比において必ずしも両者に対して等距離に立っているのではない。われわれはたんに、こうした考え方をいわば客観的に紹介するにとどまらず、道徳理解としての妥当性という観点から批判的な考察をも加えてきたつもりであり、その問題点の指摘においてすでに功利主義に対する批判とカント倫理学に対する批判とではその性格を異にしている。前者に対する批判は、道徳理論としての功利主義の欠陥をつくものであったのに対して、後者に対する批判は、道徳性の原理がもたざるをえないと思われる限界の指摘にとどまっているからである。すなわち、本書は、われわれの道徳的常識に関するカント倫理学の基本洞察を受け入れたうえで、議論を組み立ててきたのである。

同時に義務でもある目的としての他人の幸福

しかし、カント倫理学に対しては、これまでもいくつかの根強い批判があった。例えば第10講でも見たように、それは、友情や親切心などの傾向性に基づく一切の行為の価値を認めない「厳格主義」であり、人間が現実に有している幸福への欲求をまったく無視した、現実離れした理説をもてあそぶ「理想論」にすぎない、といった批判である。もちろん、ソクラテスの指摘を俟つまでもなく、カントもまた人間は誰もが幸福を願っているということを知らなかったわけではないし、人間における幸福の意義を必ずしも過小評価しているわけではない。むしろカントによれば、他人の幸福を促進することはわれわれの義務ですらある。

われわれは先に、道徳的価値をもった行為が定言命法という形式においてのみ命じられることを見た。仮言命法において命じられた行為は、行為者の欲求によって定められたなんらかの目的に対する手段であるのに対して、定言命法においてはまさに行為そのものが目的として命じられるのである。ところで、仮言命法において命じられる行為は、前講で紹介した「自律」という意味で自由な行為ではない。なぜなら、それは、欲求や傾向性という自然の秩序に属するものによって定められた目的から必然的に規定された行為だからである。[1] これに対して、定言命法において命じられる行為は、それ自体が目的であるかぎり、もはや欲求や傾向性に従って規定されることはできず、理性的な自己規定によってのみ与えられうるものである。そこで、いずれにしても人間の行為には目的があり、しかもわれわれには定言命法に従うことが可能であるとすれば、それ自体義務として命じられる目的がなければならない。というのも、もしこのような目的が存在しないとなれば、われわれの行為はつねに他の目的に対する手段的な価値しかもちえないことになるからである。この目的を遂行する行為こそが、自律という意味で真に自由な行為なのである。

さてカントは、「他人の幸福」をこの「同時に義務でもある目的」の一つに数える。[2] これが義務であるゆえんは、第9講で考察した人格性の原理から理解することができよう。われわれは行為者として、この原理によって、行為の客体である人格を「目的設定の主体」として尊重するよう命じられている。そして、「自分の状態に満足する」という意味での幸福を願うことが、われわれ人間の本性からして不可避のことであるとすれば、他人は当然、彼自身の幸福を目的として行為するであろう。それゆえ、われわれにとっては、「他人の目的を自分の目的とすること」が義務となるのである。しかも、他人が何を自分の幸福に数え入れるかは、当人自身に任されている。目的とは、まさに自分自身で設定するものだからである。ただし、この義務は、われわれに無条件に他人の幸福に奉仕せよと述べているのではない。他人がすでに道徳法則に反するような行為を行なおうとしているときには、例えば、その行為が第三者の人格をたんなる手段として使用するような行為であった場合には、その行為を自分の目的とすることは、まさに私自身がその第三者の自由の毀損に加担することを意味する。そのようなことを行なおうとする人は、すでに行為の客体を自由な選択意志の主体として尊重するという相互主体性の場から逸脱しているのであり、それゆえその場合には、そうした行為を妨げることこそ、彼を相互主体性の場に連れ戻す行為であることになろう。また、私は私のすべてをなげうって他人に奉仕することを要求されているのでもない。私の人格のうちにある人間性もまた、それとして尊重されなければならないからである。したがってカントは、正確には、「他人の（許された）目的を自分の目的とすること」が義務なのであり、あるいは、「他人の目的を（それらが非倫理的でないかぎりにおいてのみ）自分の目的とすること」が「隣人愛の義務」であると述べるのである。(3)

【例題28】 第8講の「例題21」で見たように、カントは、刺客に対してすら嘘をつくべきではないと語っている。だが、これはいかにもわれわれの道徳的常識に反する。以上の考察を踏まえて、このような場合、われわれはいかに行為すべきかを考えてみよう。

二次的義務としての自己幸福

それだけではない。カントによれば、確かに人間は誰もが自分自身の幸福を目指しているのであり、幸福はあらゆる理性的存在者が本性上有している目的とみなしうる。だが、この自己幸福という目的を達成するための手段を命じる「怜悧の命法」は仮言命法であり、それ自体、道徳性の命法ではない。それにもかかわらず、カントは決して自己幸福の追求を禁止しているわけではない。われわれはあまりに困窮し、あるいは極度の苦痛に見舞われるならば、それらにのみ意識が奪われ、他人に対する関心が失われて、他人に対する義務を怠りがちになる。この意味で、自分自身の幸福を確保することは、義務を遂行する際の障害を取り除くために許容されうるのである。(4) ただしこの場合でも、決して自己幸福が目的であってはならない。そもそもカントによれば、「怜悧（賢さ）」とは、自分の意図を達成するために他人に影響を与えて、他人を自分に都合よく利用するすべを心得ていることであり、さらには、そうした意図を自分の長期的な利益という観点のもとで統合する分別を備えていることを意味する。(5) これは、われわれの現実の生活においてもよく見られるように、他人をまさに自分の目的のためのたんなる手段として使用することにつながるであろう。自己幸福を目的とすることは、形式的にも実質的にも、定言命法の要求に反しているのであり、それはただ、義務の遂行のために確保されるべきものとして、いわば二次的に義務であるにすぎないのである。

このように、他人の幸福こそが「同時に義務でもある目的」であり、自己幸福もまた派生的な意味では義務であるとしても、カントにおいては、幸福への欲求や傾向性が直接に幸福を促進する義務を生み出すのではない。むしろ、他人の幸福の促進は、すべての人の人格のうちにある人間性を目的それ自体として尊重するという人格性の原理から義務として導出されるのであり、自己幸福の確保もまた、この義務を遂行するための手段として許容されうるだけなのである。

第2節　現代パーソン論

ところで、反幸福主義として非難されることのあるカントのうちにも、実際にはこのように人間の幸福への配慮が見られるとすれば、功利主義とカント倫理学との間にはそれほど大きな相違はないと考えられるかもしれない。両者とも、少なくとも他人の幸福の促進を道徳的行為の目的として是認する。また、自分自身の幸福に関しても、功利主義は善意の第三者の視点で自他の幸福を比較考量せよと要求しているのであり、決して自己幸福を無条件に肯定しているわけではないし、カントにしても、自己幸福の追求をまったく否定しているわけではないからである。両者の違いは、一方が「全体の幸福」を端的に道徳的目的として認めるのに対して、他方は道徳性の原理から派生した目的とみなすという点にのみあるにすぎないように見える。

だが、この相違は見かけほど小さなものではない。一つの具体的な論争に即して、功利主義的な解決とカント的な解決がどれほどの違いをもたらすかを考えてみよう。それは、いわゆる生命倫理の領域における「パーソン論」と呼ばれている議論である。

問題の背景

生命倫理とは、とりわけ現代における科学技術・医療技術の飛躍的な発展によって成立を促された問題領域である。例えば、生命工学の分野では、一九七〇年代の前半に遺伝子組み替え技術が確立され、医学の分野では、七〇年代後半から八〇年代前半にかけて、体外受精や胎児診断、臓器移植等の先端医療技術が実用化の段階に入った。こうした科学技術の進展は、人間が人間の生命をその誕生と死に関してある程度コントロールすることを可能にした。その結果、われわれはこれまで人類が経験したことのない倫理的問題に直面することになった。すなわち、体外受精や代理出産、遺伝子の組み替え技術やクローニング、臓器移植や人工臓器、あるいは脳死や延命措置といったさまざまな技術がかかわる問題は、従来ならば「自然の選択」に委ねられ、「運命」として甘受されてきたものである。例えば、子供のできない夫婦は子供がいないことを運命と受けとめざるをえなかったし、心臓疾患を抱えた人もそれを運命としてあきらめざるをえなかった。しかし、現代の医療技術の発達とともに、われわれはこれらを運命として甘受するのではなく、「人為的選択」とすることができるようになった。子供のできない夫婦も、排卵誘発剤を使用し、試験管の中で受精させ、あるいは他人の子宮を借りて子供をもうけることが可能となった。心臓疾患もまた、手術によって、脳死者の心臓を移植することによって、あるいは脳のない胎児を臓器工場として使用することによって、ある程度は克服することが可能となった。遺伝的な疾患ですら、遺伝子操作によって克服される可能性が見えてきた。このような生命をコントロールする先端医療技術は、まさに人類が「神を演ずること」を可能にするように見える。否、むしろこのような技術を手に入れてしまった以上、われわれは神を演じざるをえない。なぜなら、先端医療技術を拒否して自然の選択に委ねること自体が、すでにわれわれの人為的な選択にほかならないからである。(6)

生命の尊厳と生命の質

こうした問題状況に直面して最初に持ち出されたのが、「生命の尊厳」（Sanctity of Life）から「生命の質」（Quality of Life）へという議論であった。例えば、フレッチャーは、医療技術が発達した現代においては、たんなる生命の延長は、もはや生命至上主義によって以外には、つまり、生物学的な生存を第一義的な価値とし、個性や尊厳、幸福などを二義的なものとみなす見解によって以外には擁護できない、と言う(7)。彼によれば、われわれの多くは、生きることや死ぬことについて、健康や医療についてと同様に、人格を中心に置いて考えている。このことは、いわゆる植物人間や脳に重大な損傷を受けた者、あるいは小頭症や無脳症の新生児たちは、たとえ中脳や脳幹の働きによって呼吸を続けたり、その他の器官が機能しつづけていても、「このような状況の下ではもはや人間でも人格でもなく、もはや本当に生きているとは言えない」ということを意味する。「重要なのは人格的な機能であって、生物学的な機能ではない。人間性は第一次的には理性的なものとして理解されるのであって、生物学的なものとして理解されるのではない(8)」。ここには、理性的な人格であることは、たんに生物学的な生命として存在することよりも価値があるという前提が存している。これが現代の「パーソン論」の背景に存する人間観である。

確かに、「一人の人間の命は地球よりも重い」と語られることがあるように、われわれは生命がきわめて根源的な価値を担っていると認識している。もちろん、生命以外の多くのものにも、われわれはさまざまな価値を見いだしている。富や権力、名誉への人間のすさまじい執念、尽きることのない知的好奇心や芸術における創作意欲などは、人間が決して「たんに生きる」だけでは満足せず、その上になんらかの価値を創造してゆかざるをえない存在者であることを物語っている。しかし、それらの富や権力、名誉、あるいは精神的な諸価値にしても、生命があってはじめて実現可能であり、まさに「命あっての物種」である。つまり、われわれの価値序列においては、生命はもろもろの価値（有用価値、精神的価値、人格的価値）を実現するための基盤であるという意味で、きわめて根源的な価値なのである。

だが他方で、われわれは、少なくとも生命それ自体を最高の価値として認めているわけでもないであろう。人間は、人間であるかぎり、生命を基盤として、その上にさまざまな価値を形成してゆくのであり、このようにして形成された価値によって、その基盤としての生命にも意味が与えられる。つまり、人間の生命に人間の生命としての意味を賦与するのは、生命そのものではなく、その上に形成される精神的価値や人格的価値なのである。われわれが、自分自身の生命をすり減らしつつ創作にはげむ芸術家や、自分の生命の危険をも顧みずに他人の救助に奔走する人間に畏敬の念を抱くのは、まさにそうした人間が具現している精神的価値や人格的価値に対する尊敬からであろう。[9] 生命はそれ自体で意味をもつわけではない。このような事態をソクラテスは、「大切にしなければならないのは、ただ生きるということではなく、よく生きるということなのだ」と表現したのであった。

生命倫理が直面しているのは、こうした「生命」のもつアンビヴァレントな価値（両面価値）であり、現代の科学技術はまさにこの生命の価値の両面性をわれわれにあからさまに意識させることになったのである。例えば、従来の医療技術のもとでは、自力で食物を摂取したり自発的な呼吸をすることができなくなれば、人はすみやかに死へと至らざるをえなかった。そこでは、命を長らえること（生命価値の実現）と人間として生きること（精神的・人格的価値の実現）との間には、ほとんど乖離がなかった。しかし、現代の「スパゲッティ症候群」（死期が迫った患者に、人工呼吸器などの管をスパゲッティのように、いくつも取り付けて延命をはかること）と呼ばれるような状況下では、さまざまな手段によって、自発的な呼吸能力を失っても、あるいは脳の機能を失ってすら、生命は存続しつづけることができる。だがそれは、はたして人間として生きることなのであろうか。あるいは、それは人間としての尊厳にふさわしい生き方なのであろうか。無条件に「生命の尊厳」を唱えるのではなく、「生命の質」を問うべきだという議論の根底には、確かにこのような問いが存している。

パーソン論の展開

しかしそれにしても、理性的な人格であるものにのみ生存権があるというような議論は、どのようにして正当化されうるのであろうか。現代のパーソン論における議論を考察してみよう[10]。

トゥーリーという論者によれば[11]、人工妊娠中絶や新生児殺しの問題においてまず最初に問われるべきは、ある存在者が「生存の権利」をもつための条件は何か、ということである。胎児が人間であるかどうかとか、いつから人間と言えるかということではなく、そもそも「何があるものに生存する権利を与えるのか」ということが問題なのである。これは、「生物学的な人間」と「生存権をもつ人格」とを区別するということでもある[12]。そして、人間と人格とを区別したロックに倣って、トゥーリーはまさに「自己意識要件」をその区別の基準として採用する。つまり、自己意識をもつ存在者だけが生存する権利を有するということである。彼は自分の主張を次のように要約している。「生存する権利を持つ、ということは、「諸経験とその他の心理的状態の主体として存在し続けたいと欲求可能であること」を前提とする。そして今度はこの欲求可能性は、「そのような持続的実体の概念を持ち、自分自身がそのような実体であると信じていること」を前提とする。したがって、心的状態の持続的主体としての自己意識を欠いた実体は、生存する権利を持っていない[13]」。こうして、ロックに端を発する「生物学的な人間」と「道徳的主体である人格」という区別は、胎児の人工妊娠中絶だけではなく、新生児殺しまでをも道徳的に許容する議論に至ったのである。しかし、たんに人間と人格とを区別しただけでは、実は後者のみが生存権をもつと結論することはできない。そこでトゥーリーがもちだすのが功利主義的な考察である。すなわち、社会の多くの人々が重度の障害をもたない子供を育てたいと考え、それがまた社会の負担を軽減することでもあるとすれば、しかも、胎児診断の技術が完全でない現在では、胎児の中絶だけではなく、新生児殺しもまた社会の幸福の増大につながる、というわけである。

しかしこのような主張は、心理的にはそう容易に受け入れられるものではない。そこでエンゲルハートは、このトゥーリーの主張を次のように修正する。[14] まずエンゲルハートは、トゥーリーとともに、人間の生命を「生物学的生命」と「人格的生命」とに区別し、尊厳を有するのは人格的生命だけであるとする。というのも、互いに他者を理性的で自己決定の能力をもった自由な行為者として承認することによって道徳共同体が成立し、この道徳共同体においてのみ人格的生命の尊厳は保障されるからである。この道徳共同体および人格の尊厳という考えは、カントの「目的自体としての人格」という考えを受け継いでいるように見える。カントにとって人格とは道徳的行為の主体であったように、エンゲルハートも、道徳共同体の成員であり道徳的行為の主体であるものを「人格」と呼ぶのである。しかし、エンゲルハートによれば、トゥーリーの人格と非人格との区別はあまりに厳格であり、われわれの道徳的常識にとって受け入れがたい。そこで彼は、人格概念の意味をさらに二つに区別する。すなわち、「厳密な意味での人格」と「社会的な意味での人格」とである。前者は、ロックやカントの人格の規定を踏襲した意味での人格、すなわち、自己意識と理性を有し、権利と義務を担う道徳的主体である。しかしこれでは、幼児や痴呆症老人、重度の精神障害者などは除外されてしまう。そこでエンゲルハートは、これらの存在者を厳密な意味での人格ではないものの、あたかも人格であるかのように社会的役割を担わされているという意味で、「社会的概念ないし社会的役割」として人格であると認めるよう提案する。その基準は「最小限の社会的相互作用に参加できる」ということである。例えば、幼児はその世話をする母親と社会的な相互作用を営んでいるし、痴呆症老人でもそうであるとすれば、彼らは確かに社会的な意味で人格としての資格を有するのである。だが、この基準によれば、無脳症児や脳死者はこの意味でも人格とは認められない。

結局、エンゲルハートの場合、人間の生命は三つの領域に区別され、それぞれに異なった道徳的取り扱いを要求されることになる。第一に、厳密な意味での人格に関しては、それは、道徳共同体の構成員であり道徳的行為の主体である以上、決してたんなる手段として使用されてはならない。第二に、社会的な意味での人格は、そうすることが社会の利益になるかぎりで、人格として認められる。例えば、正常な幼児を両親の気まぐれから殺してしまうことは決して社会の利益にはならないが、重度の障害をもった子供については、両親の経済的負担や心理的負担および社会的負担などを慎重に考慮したうえで、そうすることが社会的に有用であるならば、延命措置をとらなかったり、実験的使用をしたりすることも道徳的に認められる。そして第三に、たんなる人間の生物学的生命、つまり、人間の精子や卵子、受精卵、無脳症児などに関しては、社会的な意味ですら人格として認められない以上、それらをたんなる手段として使用したとしても、なんら道徳的に問題はないのである。こうしてエンゲルハートにおいても、その議論は功利主義的に正当化されることになる。(15)

パーソン論の問題点

現代パーソン論の特徴は、ロックやカントといった近代の哲学者が形成した人格概念、すなわち「自己意識」を備えた人格、あるいは「道徳共同体の構成員」としての人格という概念を、「生存権」という権利を正当化するための原理として使用し、しかもそうした主張をさらに功利主義によって正当化するという議論構造である。ここにはいったい、どのような問題が潜んでいるであろうか。

第一に、パーソン論者たちは、人格という概念が生存権の基礎にあるということを無批判に前提している。しかしこれは一つのドグマにすぎない。そもそも、いったい誰がどういう根拠から、他の生命に関して、それは生存する権利をもたないと宣言する「権利」を有しているのだろうか。[16] 彼らが、生きる権利をもつ生命と生きるに値しない生命とを区別する際の基準は、功利主義によってもたらされる。しかし、功利主義の原則は、エンゲルハートの言う「厳密な意味での人格」の生存権を保障するのにも十分な理論ではない。第5講で功利主義の正義論を検討した際に見たように、功利主義者は、「抑圧されたわずかの少数派に対して例外を設けるルールにより、社会の成員の大多数を保護するような可能性」を許容するという点で自然権論者によって批判されてきた。社会的な有用性が生存する権利を保障するというのであれば、これはたんに「社会的な概念としての人格」に対してだけではなく、「厳密な意味での人格」に対しても適用される可能性は開かれているのであり、実際ヘアは、もし奴隷制や専制政治によって社会の成員が全体として繁栄できるという信念が正しいならば、それらは道徳的に擁護されうると述べていたのである。功利主義は、譲渡不可能な権利という概念を擁護することはできない。

第二に、彼らは、人格が道徳共同体の構成員であり、道徳的行為の主体であること、つまり人格が権利と義務の主体であることを強調する。ここでは、確かにカント的な意味での人格概念が前提されているように見える。しかし、パーソン論における道徳共同体とは、それが権利と義務の主体である人格から構成されると語られるところから明らかなように、いわゆる役割社会にほかならず、決してカントが語った道徳共同体である「目的の国」ではない。われわれの現実の共同体は多様な役割をもった人々から構成されており、これら構成員はその役割に応じてさまざまな権利をもち、義務を負っている。われわれは親として、子として、教師として、学生として、あるいは一市民として、国民として、さまざまな権利と義務の体系のうちに生きている。こうした役割に応じた権利と義務は、確かに社会的な有用性によってその範囲を決めることができるし、またそれは妥当であろう。親には子供に対してどのような権利が認められ、どのような義務が課せられるのか、これはその社会のあり方に応じて定められる。しかし、この種の権利や義務は法的な意味はもちえても、決してそれ自体が第一義的に道徳的な権利でもなければ道徳的義務でもない。むしろ、役割に応じた権利や義務は、人格が相互に目的それ自体として尊重されるという目的の国の理念から批判され、基礎づけられなければならない。

ところが、エンゲルハートが描く道徳的行為の主体としての人格とは、例えば重度の障害をもった子供が生まれてきたときに、そうした子供を育てるのはイヤだとか、それでも育てたいとか、あるいはそうした子供を育てるのにかかる費用を、別の子供を育てるのにかかる費用と比較して、どちらがより有効に資金を使うことになるかを計算するといったような、そういう人々のことである。そのような社会では、すべてのものが「価格」をもつ。血液や臓器の売買はすでにビジネスとして成立しているが、そうした社会で価格をもつのは、これらの「部品」だけではない。譲渡不可能な権利という概念をもつことができないかぎり、まさに人間そのものですら「価格」をもつのである。

だが、カントの定言命法の「目的それ自体の方式」は、このような考察をまったく受けつけない。カントにとって人格の尊厳とは、他のものとの比較を許さない「絶対的価値」を有するということなのであり、それゆえに、人格はたんなる手段として使用されてはならず、つねに同時に目的として取り扱われなければならなかったのである。確かにカントも、人格を「自由な選択意志の主体」ないし「目的設定の主体」として規定しているが、それは決して、理性とそれに基づく自由の主体でありうるもののみに尊厳を与えることを意図しているのではない。すでに見たように、カントによれば、道徳性の原理は意志の「自律」に存する。カントは、われわれの外に、われわれが頼りとすべきなんらかの客観的基準が存在し、それに従うことによって行為に対して道徳的価値が与えられるという考え方、つまり他律を厳しく斥ける。それゆえ、ある基準をもって人格と非人格とを客観的に区別し、その区別に従ってある存在者をたんなる手段として使用し、あるいは同時に目的として使用するというようなことを行なうことは、決してそのような行為に道徳的価値を与えるものではない。むしろわれわれは、人格性の原理によって、つねに自ら道徳的行為の主体であるのにふさわしい仕方で行為しているか否かを問いかけられているだけなのである。つまり、「自由な選択意志の主体」ないし「目的設定の主体」としての人格というカントの規定は、こうした問いを引き受ける主体にのみかかわるものであって、なんらかの客体を道徳共同体から排除するための基準となるものではないのである。

それゆえ、人格のみが絶対的価値の担い手として認められるにすぎないとしても、このことは、人格としての要件を欠く動物や無生物に対する取り扱いが道徳的判断の対象とはならず、それらがまったく道徳的配慮の対象から除外されるということを意味するわけでもない。カントは、これらの物件に対する取り扱いをも、「人格に対する義務」という観点から捉えようとするのである。それによれば、例えば動物に対する暴力的で残酷な取り扱いは、たとえそれが誰の所有物でもない野生の動物であり、他の人格には直接かかわらないとしても、自分自身の人格を毀損することにつながるという意味で禁止される。そのような取り扱いを自分に許すということは、動物の苦痛に対する同情を鈍らせ、ひいては他の人間に対する同情心や優しさを失わせることにつながるであろう。それは、道徳性のために要求される自然的素質の陶冶という「自分自身に対する義務」に違反するのである。同じ意味で、自然の美をただたんに破壊しようとする性向もまた、自分自身の義務に反すると言われる。なぜなら、そうした性向は、美しい結晶とか植物界の筆舌に尽くしがたい美しさを、利用ということをなんら考えずに愛するという人間のうちなる感情を弱め、根絶してしまうからであり、こうした感情はそれ自体では道徳的だとは言えないにしても、道徳性を促進し、道徳性への準備をするものだからである。[17] それゆえ、カントの立場からすれば、たとえ相手が自己意識要件を欠いているように見えるとしても、それをどのように取り扱うかということは、自分自身の道徳性を涵養するという観点から考察しなければならないのであり、まさにこの自分自身の意志のあり方を問うという点において、われわれは道徳の呼びかけにさらされているのである。[18]

[注]

（1）もちろん、前講でも指摘したように、その行為も人間の行為であるかぎり、欲求や傾向性によって直接的・無媒介的に規定されるのではなく、あくまでも行為者が欲求や傾向性に従うことを自ら選択した結果とみなされなければならないのであり、それゆえ責任も問われうるのではあるが。

（2）カント『人倫の形而上学』、五三八頁以下参照。もう一つ「同時に義務でもある目的」に数えられるのは「自分の完全性」であり、これは、自分に与えられた能力や自然的素質を陶冶するという義務である。

（3）同書、六一四頁。カントはここで、この「隣人愛の義務」と「隣人を尊敬する義務」とを区別し、後者は「どのような他の人間をも、たんに私の目的のための手段としてその尊厳を損なわない（他人が私の目的に服するために、自分自身を放棄するよう要求したりしない）」という格率の中に含まれているという。ここでは、人格性の原理が要求するのは他人に対する愛の義務ではなく、尊敬の義務であると語られているように見える。しかしカントによれば、愛の義務はそれを遂行することが功績となる広い義務であり、尊敬の義務はそれを負い目として遂行しなければならない狭い義務であるという違いはあるにしても、両者は一つの義務においてつねに結合している。例えば、困窮している人に対する援助は愛の義務であるが、しかしそれが私の度量の広さから行なわれたものであると感じさせると、どうしても相手を卑下させることになるので、そうした行為はあたかも相手に対して負っている負債の返済であるかのようになされ、相手の体面を失わせないようにしなければならない、とカントは述べている。いずれにしても、定言命法が義務の方式であるかぎり、目的自体の方式もまたあらゆる義務の根底に存していると解釈されなければならない。このカントにおける愛と尊敬の義務に関しては、宇都宮芳明『人間の間と倫理』、第13章参照。

（4）カント、前掲書、五四二頁以下参照。

（5）カント『道徳形而上学の基礎づけ』、八九頁参照。

（6）加藤尚武『バイオエシックスとは何か』、一三頁以下参照。

（7）フレッチャー「倫理学と安楽死」。

（8）エンゲルハート他『バイオエシックスの基礎』、一三七頁以下。

（9）『夜と霧』で有名なフランクルは、『苦悩の存在論』という著書において、こうした価値序列を次のような例で印象的に描いている。すなわち、ある人が重い病にかかり仕事を辞めなければならなくなった（有用価値の喪失）。しかし彼は、病床にあっても絵を描くことを趣味としていた。やがて病状が進み、手足を動かすこともできなくなった（精神的価値の喪失）。激痛をやわらげるために数時間ごとに鎮痛剤を打たなければならないようになったが、それでも彼は、できるだけ看護婦の手を煩わせないよう、夜間はその苦痛にできるかぎり耐えようとしたという。これをフランクルは「態度価値」と呼んでいるが、これはまたわれわれが「人格的価値」と呼んでいるものでもある。

（10）以下の議論に関しては、田中伸司「カントと生命倫理学」、および竹内洋一郎「パーソン論と差別の問題」参照。

（11）トゥーリー「嬰児は人格を持つか」。

（12）トゥーリーによれば、"X is a person"という文は、"X has a（serious）moral right to life"という文と同じ意味をもつ。

（13）エンゲルハート他、前掲書、一〇七頁。

（14）エンゲルハート「医学における人格の概念」。ちなみに、エンゲルハートには、『バイオエシックスの基礎づけ』という大部の著書もある。

（15）このような功利主義的議論を生命倫理の領域において極端に推し進めているのがピーター・シンガーである。彼によれば、人格の価値は自己意識と理性を有するという点に存し、この意味で人間の胎児の価値は、それらを有しない他の動物の価値と同等である。否、自己意識と理性という点では、新生児にすら優る動物が多く存在する。生後一年の子供の生命は、訓練によって人間と意思疎通ができるようになったチンパンジーの生命よりも価値が低い。このように、一方では、胎児や新生児、重度の障害者の安楽死を積極的に肯定し、他方で動物の権利を主張するシンガーの見解を支えているのは、まさにロック的な人格概念と功利主義との奇妙な結合なのである（シンガー『実践の倫理』参照）。ちなみに、功利主義の主唱者であるベンサムは、すでに「理性」ではなく、「苦痛の感受能力」が生存権の基礎になると述べていた（Cf. J.Bentham, *An Introduction to the Principles of Morals and Legislation*, p.282f., note.）。

（16）重度の障害を負った新生児の生きる権利を医師と両親は否認することができると主張するシンガーは、ドイツにおいてまさにナチの安楽死政策を想起させるものとして厳しく批判された。ナチが大量虐殺したのはユダヤ人だけではなく、重度の障害者や同性愛者までもが「生きるに値しない生命」であるとして抹殺されたのである。

（17）カント『人倫の形而上学』、六〇五頁。それゆえカントは、現代の一部の動物解放論者のようにあらゆる動物の利用を禁止するのではない。もし彼が、動物に対する「供養」という日本の風習を知っていたならば、どう評価したであろうか。

（18）この点については、拙論「いのちを救うことの倫理的問題」参照。

第14講　愛と道徳

第1節　責任倫理と心情倫理

ヴェーバーの二つの倫理

われわれがこれまで考察してきた一方の理論である功利主義によれば、行為は、それが「最大多数の最大幸福」という目的の実現に役立つかぎりにおいて、あるいは少なくともそれを目指すかぎりにおいて、道徳的なよさないし正しさをもつ。これは、「人のために役に立つ」というところに人間の価値を認めようという発想の上に立つものであり、ある意味ではわれわれの道徳的常識にかなった理論でもあろう。だが、前講で見たように、これが人間の生存権の基礎と考えられるまでに至るならば、それは明らかに行き過ぎであろう。これに対してカントは、道徳的価値が与えられる行為とは、行為それ自身とは別のなんらかの目的や結果から価値を与えられる手段的行為ではなく、あくまでも「それ自体としてのよさ」を備えた行為でなければならないと主張する。言いかえれば、いかなる目的によっても正当化されえないような「行為の仕方」があり、例えば人間を奴隷化することや拷問を加えること、無実の罪を着せることや人間の性的な悪用などは、それらが人間を人格として否定する行為であるかぎり、いかなる目的によっても倫理的に正当化されることはありえないということである。(1) こうした二つの考え方の対立は、マックス・ヴェーバーが『職業としての政治』の中で提起した「責任倫理」と「心情倫理」という対概念で言い表わされることもある。(2)

ヴェーバーによれば、責任倫理とは、行為に際して予見しうる結果の全体を考慮に入れ、それに対する責任を引き受ける覚悟をもって行為するという態度であり、それゆえ当の行為をそれだけ取り出してみれば好ましいものではないとしても、結果の全体から見てそのような行為を選択するという態度である。われわれの現実の世界では、よい目的を達成するため、たいていの場合は道徳的にいかがわしい手段や危険な手段を用いなければならないし、好ましくない副作用が生じることも少なからずある。もしこうした手段や結果をすべて回避しようとすれば、われわれはほとんど何ごとをも成し遂げることができないであろう。例えば、患者のことをよく知っている医師が、本当の病状を告げれば患者は病気と闘う気力を失ってしまい、今後の治療にも支障が出ると判断して嘘の病名を告げるとすれば、その医師は医師としての責任倫理に従って行為していることになる。あるいは、政治家は、その立案する政策がもたらす広範で複雑な諸帰結を考慮しなければならず、たとえ意図としてすぐれてはいても現実の諸連関の中で大きな混乱や犠牲を引き起こすような政策を採るべきではない。しかし、それらの諸帰結を考慮に入れ、それ以外の方法によっては国民の福祉の増進が図れないと判断したなら、多少の犠牲は覚悟の上でその政策を実行しなければならない。あらゆる犠牲を排除しようとして何もしない政治家はまさに無責任のそしりを免れないであろう。

これに対して心情倫理とは、いかなる場合にも純粋な心情のみが重要であり、その結果は問題ではないという態度をとる。例えば、いかなる場合にも嘘をつくことは不正であり、たとえどのような結果がそこから生じようとも、それは正直に語った人間の責任ではない。本当の病名を告げることによって患者の生きる気力が失われても、その責任は医師にではなく、それに耐えられないような脆弱な精神をもった患者自身にある、というわけである。あるいは、意図としてすぐれている政策を実行したときに、それが所期の成果を上げることができなかったり混乱を招いたりすれば、その責任は、その意図を理解できない世間の人々の愚かさにあると考える。ヴェーバーはこのような態度を「心情倫理」と呼んでいる。

結果に対する責任

それでは、こうした対立に際してわれわれはいずれの態度を選ぶべきなのであろうか。あるいは、これは議論によっては調停不可能な対立なのであろうか。

まず注意しなければならないのは、たとえ責任倫理と心情倫理とがある対立をなしているとしても、それはたんに行為の結果を考慮に入れるか否かという点での対立ではないということである。実際、われわれの日常的な行為においても、結果を顧慮することなしには行為を同定することすらできない。「嘘をつく」ということは、他人を欺くという意図と結果をもつからこそ「嘘をつく」という行為なのであって、たんに非真実を語ることがそうなのではない。むしろ、責任倫理と心情倫理との対立において真に問題なのは、われわれが行為のいかなる結果を考慮に入れ、いかなる結果に対して責任を負わなければならないのかということなのである。次のような問題を考えてみよう。

【例題29】 (1)ここに三人の患者がいて、彼らを完治させうる薬は二人分しかない。選択できる道は、二人の患者を救うか、それとも三人とも救わないかのいずれかである。医師としてはどちらを選択すべきであろうか。(2)同じく三人の患者がいる。彼ら全員を救うためにはどうしても一人の健康な人間をドナーにしなければならない。さて、さまざまな条件を考慮したうえで（ドナーとなるべき人間には係累が誰もいないとか、自ら提供を申し出ているということを想定してもよいだろう）、ドナーとして適切な人間がいたならば、その人からの臓器移植は許されるのであろうか。

さて、(1)の場合、医師は確かにそれぞれの選択肢からいかなる結果が生じるかを考慮に入れ、三人の死よりは二人の生を可能にするような手段を講ずるであろう。しかも、薬を与える患者の選択が恣意的でないかぎり、医師は残りの一人の死に対して責任を問われることはない。むしろ、二人分の薬を三人に平等に分配することによって三人とも死に至らしめるならば、医師としての責任が問われることになる。ここでは確かに責任倫理が妥当し、「最大多数の最大幸福」という功利主義的原則によってその行為は正当化されうる。しかし、こうした考察を無際限に継続することはできない。(2)の場合に一人の健康な人間をドナーとして臓器移植を行なうならば、たとえそれが「最大多数の最大幸福」という結果をもたらすとしても、そうした結果を考慮に入れたことによって医師の選択が正当化されるわけではない。それは明らかに、そこにおいては一人の健康な人間の人格がまさにたんなる手段としてのみ使用されているからであり、たとえ本人が提供を申し出たとしても、それがなんらかの苦しみから逃れるためであったり、（患者が家族の場合に）家族への愛情からであったりするかぎり、すなわち欲求や傾向性に基づくかぎり、自分自身の人格をたんなる手段として使用することになるからである。このような場合には、いかなる結果によってもその行為を倫理的に正当化することはできず、逆に言えば、たとえドナーとして最適の人間がいるにもかかわらず、彼からの臓器移植を行なわなかったために三人の患者が死に至らざるをえなかったとしても、そのことのゆえに医師に責任を問うことはできない。医師は、決していかなる手段を用いても「最大多数の最大幸福」を実現するよう義務づけられているわけではないのである。

もちろん、ある人に、あるいはある役割にどのような義務と責任が割り当てられるべきかということは、別に考えられるべき問題である。だが、無制限に「最大多数の最大幸福」の実現を義務として負わされている人間はいない。それはすでにいかなる人間の能力をも超えているからである(3)。カントは、人格性の原理が「人間の行為の自由の最高の制限的条件(4)」であると語っていた。すなわち、いかなる行為であろうとも、人格をたんなる手段として使用してはならないという条件のもとでのみ、道徳的に正当化されうるということであり、またこの条件に反する行為は、たとえどのような結果をもたらそうとも、倫理的価値を与えられることはできないということである。功利性の原理は、この人格性の原理の制限のもとにおいてのみ、道徳的な原則として妥当しうるのであり、それ自体、決して道徳性の最高原理の地位を主張することはできない。これが、責任倫理と心情倫理、ないし目的論的倫理学と義務論的倫理学との間に成り立っている順序関係である。

それゆえ、心情の純粋性だけを重視し、いかなる結果にも責任を負わない心情倫理は、おそらくヴェーバーが示唆するように「聖者の倫理」ではありうるだろう。だが、聖者は世俗の役割関係を一切超越している。さまざまな役割を担った存在者としては、われわれは予見しうる結果に対して、あるいは政治家ならば、予期せざる結果に対してすら責任を負わなければならない。アリストテレスがすでに語っていたように、法は、いかなる事柄を制定しようとも、「すべての人の役に立つこと」を目指すか、あるいは「支配者の地位にある特定の人々の利益」を目指すかのいずれかであり、しかも当然のことながら前者が正しい法であり、後者は倒錯した法である。(5) だが、利害関係が複雑に絡み合っている現実の諸連関においては、すべての人の利益になることを行なうことは、実際にはほとんど不可能に近い。それゆえ、予見しうる結果の全体を考慮に入れたうえでならば、政治家は確かに功利主義的な原則に従って行為せざるをえないであろう。いずれにせよ犠牲を回避することが不可能ならば、できるだけ犠牲を少なくすることがその使命となるからである。しかしそれにもかかわらず、このことは、その選択が倫理的に正しいということを意味しない。「法は倫理の最低限(6)」にすぎないからである。責任を負うということは、まさに負い目を解消しえないままに引き受けるという覚悟にほかならない。それゆえにこそ、ヴェーバーもまた、「結果に対するこの責任を痛切に感じ、責任倫理に従って行動する、成熟した人間——老若を問わない——がある地点まで来て、「私としてはこうするよりほかない。私はここに踏み止まる」と言うなら、測り知れない感動を受ける(7)」と述べるのである。

救命ボート倫理

「私としてはこうするよりほかない。私はここに踏み止まる」というのは、ルター（Martin Luther, 1483-1546）が宗教改革に際してその不退転の決意を示した言葉だと伝えられている。だが、この言葉が、犠牲の不可避性のゆえにその行為の正しさを主張するものとなるならば、われわれは倫理的頽廃の道を果てしなく歩むことになろう。次のような問題を考えてみよう。

【例題30】 客船が沈没し、大勢の人が海に投げ出されて助けを求めている。すでに救命艇には何人かが乗り込んでいるが、とてもすべての人を収容することはできない。このとき、われわれはどのようにすべきなのであろうか(8)。

この問題を提起しているハーディンによれば、まず、ヒューマニズムの立場から、助けを求めている人を全員救命艇に乗せるよう努力するのは、まったく愚劣な解決策である。なぜなら、結局は救命艇が転覆沈没し、全員が溺れ死ぬことになるからである。また、定員一杯までは乗せるというのも、安全因子を無視した危険な解決策である。さらに、利他主義の立場から、人々の良心に訴え、あるいは弱者から救うという解決策は、もっとも愚かである。なぜなら、これは良心的な人、あるいは生存に適した人から淘汰してゆくことを意味するからである。こうした危機的な状況においては利他主義はまったく通用しない。それゆえ、もっとも合理的で有効な解決策は、救命艇にはこれ以上一人も乗せないということである。こうすれば、現に乗り込んでいる人だけでも生き延びる可能性がもっとも大きくなるからである。こうした非常事態においては、自分だけは助かりたいという利己主義の原則に基づいて、早い者勝ち、強い者勝ちの競争を認めることがもっとも合理的だというわけである。

さて、状況が厳密にこのようなものであれば、確かに最後の解決策だけが唯一合理的だとは言えるかもしれない。しかし、このような例は、利己主義の原則を倫理的原則として擁護しうるものだろうか。ハーディンがこの例をもちだすのは、実は、人口爆発という今日的課題を考えるためである。現在の地球には絶対的貧困が厳然と存在している。そしてその最大の原因はおそらく人口過剰にある。こうした状況下で現在貧困状態にある人々を助けることは、さらに多くの人々が生まれて、将来貧困に生きることを確実にするだけである。それゆえ、少なくとも、援助を行なっても自国で養える程度にまで人口を制限することができないと思われる国を援助する必要はない。富裕な国家は貧困な国家を貧困なままに放置しておくべきであり、さもなければ、すべての国が貧困化してしまうであろう。これがハーディンの主張である。(9)

こうしたハーディンの主張にはおそらく事実誤認がある。例えば、人口過剰は神話にすぎず、現在の地球はその人口を養うだけの食糧を生産できるが、不公平な土地の分配や先進諸国による第三世界の経済操作あるいは食糧の浪費などによって食糧不足がもたらされているにすぎない、という指摘がある。ただ、ここで問題にすべきは、この事実誤認そのものではなく、なぜこのような主張を行なう人々が事実誤認に導かれやすいかということである。確かに、ある状況においては、利己主義的な原則が生き延びるために唯一採用可能な原則であるかもしれない。しかし先に述べたように、このことは、その選択の倫理的な正しさを意味しない。それは、すでにソクラテスがその死において明らかにしたことでもあった。もちろん、われわれは誰もが、不正に手を染めるよりは死を選ぶという態度をとることができるわけではないし、それを他人に強制することも許されない。第11講で見たように、資源の希少性という状況のもとで倫理的問題が顕在化してくるのであれば、われわれは生き延びることを優先させるかぎり、こうした状況に強いられてつねに倫理的にまったく正しい選択を行なうことができるわけではないであろう。しかし、われわれは少なくとも、その行為が倫理的な観点においては問題を含んでいるのだということを自覚していなければならない。さもなければ、状況を改善する努力すらなされないであろうし、実際、ハーディンのような認識からは、第三世界の貧困化の歴史的原因を探るというような試みすら生じない。こうした状況に無批判に居直るかぎり、われわれは芥川龍之介が『羅生門』で描いたように、生きるためには悪事を働くのも仕方がないと語る老女と、これを聞いてその老女から衣類をはぎ取った男のように生きるほかはないのである。

第2節　閉じた道徳と開いた道徳

実践的愛と感性的愛

道徳性は「人格の尊厳」を承認し、尊重する意志のうちに成立する。このような態度はまた、古来より「愛」という言葉でも呼び慣らわされてきた。愛は道徳的態度を総括する言葉として用いられてきたし、現代でもそうであろう。例えば、聖書のイエスが「おのれのごとく汝の隣人を愛せ[10]」と言うとき、この掟は最高の律法を表現しているとみなされているのであり、今日でも、伝統的な道徳教育の復権を目指す人々の口から出るのは「愛国心」という言葉である。また、マスコミには「愛は地球を救う」というスローガンが流れたりもする。しかし、これらの例からただちにわかるように、愛という言葉が倫理的態度の総称として使用されているとはいえ、その意味するところはそれぞれに異なっている。それでは、道徳性の原理としての人格性の原理が要求する愛とは、どのようなものであろうか。

愛に関するカントの思索において注目すべきは、カントが愛を「感性的愛」と「実践的愛」という二つの種類に区別したことである。人格性の原理は、自分の人格のみならず他人の人格のうちにも存する人間性を、決してたんに手段としてではなく、つねに同時に目的として取り扱うように命じていた。そして、人間とはまさに、つねに自分自身の幸福を欲求する存在者にほかならない。それゆえ、すでに見たように、人格性の原理は、行為者に対して他者の幸福を促進せよという愛の命令を含んでいるとみなされる。だが、ここで命じられている愛とは、決して傾向性に基づく感性的な愛ではありえない。命令とは本来、意志に対して下されるものであり、感情に対してではないからである。感情は、外からの刺激を受けて否応なしに生じる。それゆえ、感情的に嫌悪するものに対して、それを同じ感情のレベルで愛せよと命ずるのは不合理である。ピーマンの嫌いな子供に、それを好きにならなければならないと言ってても、それは無理な相談であろう。だが、ピーマンは体によいから嫌いでも食べなければならないと言うことはできる。同様に、嫌悪感を覚える人をただちに好きになるわけにはゆかないが、しかし、相手が嫌いな人間であってもなすべきことをなせと命ずることはできる。何か困っている人がいて、もしその人が私の好きな人であれば、われわれは命じられなくてもその人を助けるであろう。嫌いな人なら、そのまま放っておくかもしれない。だが、その人を助けることが義務であれば、われわれは自分の感情にかかわりなく、その人を助けなければならないし、この行為は命令されうる。これがカントの言う「実践的愛[11]」である。カントによれば、「隣人愛」とは、「隣人に対するあらゆる義務を喜んで実行するということ[12]」なのであり、これがイエスの言葉に対するカントの解釈である。

自己言及的利他主義

ところで、愛を最高の倫理的態度とみなすときに生じてくる困難な問題は、この愛がきわめて非倫理的な行為を生み出すことがある、ということである。愛国心がときに残虐な大量殺戮を引き起こしてきたということは紛れもない歴史的事実である。愛する者のために命を捧げるということは、一方では確かに称賛に値することとみなされ、それゆえつねに人々の士気を鼓舞し、戦争を遂行する際のスローガンともなるのであるが、それでも他方で、こうした非倫理的な行為を生み出してしまうのはなぜであろうか。問題は戦争の場面にかぎったことではない。より一般的には、いま述べたような意味での隣人愛に反対する議論のうちに、問題の根が示されている。それは、われわれは自分と特別の関係にある人々、自分の家族、友人や同僚、そして同胞に対してこそ責任を負っているのだという議論であり、資源や能力が限られているかぎり、われわれはまず自分の子供たちのためにそれらを使うべきであり、仲間をさしおいて見も知らぬ人に援助する義務はない、という主張である。このように、たんに自分自身の利益ではなく、自分にかかわる他の人々の利益を優先させるような態度を「自己言及的利他主義」（self-referential altruism[13]）と呼ぶならば、実は、この自己言及的利他主義こそが、倫理的にも、そして心理的にも、愛という名のもとで非倫理的行為を生み出す元凶とみなされなければならない。それは、一方では、自分と特別な関係にある人々とそうでない人々とを区別し、倫理的な配慮の対象を前者に限定することを正当化し、他方で、自分は利他主義的に振る舞っているのだという言いわけをしながら、実際には利己的な感情を満足させることができるからである。救命ボート倫理のハーディンもまた、自国民や子孫の幸福のためであるという大義名分があればこそ、最貧国の人々を切り捨てるという選択を合理的だと称することができたのである。

閉じた道徳と開いた道徳

ところで、こうした自己言及的利他主義を「閉じた道徳」と呼び、それを「開いた道徳」としての人類愛から区別したのは、フランスの哲学者ベルクソンであった。彼によれば、道徳には（そして宗教にも）、それを生み出す二つの異質な源泉がある。一つは、「若干数の個人を包含し、その他の個人を排除することを本質としている」[14]閉じた社会である。それは、「他の人々に対しては無関心なその成員たちが、つねに攻撃または防御に備えて、つまり、戦闘態勢をとらざるを得ないようになって互いに支えあっているような社会」[15]であり、この点では、原始的な部族社会であろうが現代国家のように文明化された巨大な社会であろうが、同じである。こうした社会における愛は、家族愛や祖国愛に典型的に見られるように感性的な愛であり、当該の社会から締め出されたものに及ぶことは決してない。見も知らぬ人々に対して、われわれがこうした愛の感情を抱くことはできないからである。それゆえ、愛といい、友情といい、あるいは忠誠心や義理人情といっても、それらが他者を選択的に排除する「閉じた社会」と、それを志向する「閉じた魂」に由来するかぎり、同時にそれは、排除された個人に対してはきわめて残虐な行為をもたらすことがありうる。仲間である人間に対して「神」である人間は、仲間以外の人間に対しては容易に「狼」となるのである。

これに対して、開いた社会とは、「全人類を包容するような社会[16]」であり、いかなる個人をも排除することはない。それでは、このような社会における人類愛とはどのようなものであろうか。それは、「人類」という抽象的なものを全体として愛することであろうか。そうではない。愛とは、やはり特定の個人に向けられるものだからである。だが、開いた社会が排除の原理をまったく含まないものである以上、人類愛の対象となる個人とは、自分と特別の関係にあるという意味での特定の個人ではありえない。したがって、人類愛とは、われわれがそのつど出会う他者を――その人が誰であろうと――まさにかけがえのない「個人」として尊重すること以外ではない。というのも、われわれは決してそのつど出会う他者のすべてに対して感性的な愛情を抱くことはできないが、それにもかかわらず、われわれには愛が命じられているのだとするならば、それは確かにカントが言う「実践的愛」にほかならないからである。「ただたんに人類を愛する者は実は全然愛していないのであって、ただこの特定の人間を愛する者のみが、真に〔人類を〕愛しているのである[17]」というドイツの実存哲学者ヤスパースの言葉もまた、このような意味で理解することができるであろう。

第9講および第10講で見たように、われわれは日常生活において「役割自己」として存在し、「役割他者」との間に「役割関係」を結んでいる。役割とは、まさに閉じた社会におけるわれわれのあり方である。だが、このような役割自己や役割他者であるかぎり、われわれは他の個人と取り替えることができる。すなわち、代置可能性が役割の本質である。したがって、たんに役割自己として自分の役割を忠実に果たし、相手を役割他者として尊重するだけでは、われわれはいまだ「閉じた社会」の構成員として、せいぜい自己言及的利他主義という「閉じた愛」を実践しうるにすぎない。だが、人類愛において要求されるのは、そのつど出会いくる他者をまさにたんなる「個人」として愛すること、つまり、親や子として、友人として、同胞としてではなく、あるいは同じ理想を掲げる者として、同じ幸福を追求しうる者として、同じ理性をもつ者としてですらなく、まさに一人のかけがえのない「人間」として愛することであり、私がその人に好意をもっているからでも、その人が私に好意をもっているからでもなく、その人から利益を得ることができるからでもなく、たんにその人が他者であるというただそれだけの理由で他者を尊重することなのである。(18)

道徳の逆説

もちろん、こうした「〜として」とか「〜だから」という理由なしに他人を愛するということは、閉じた道徳の立場からは理解しがたいことであるかもしれない。ベルクソンと同じフランスの哲学者ジャンケレヴィッチ（Vladimir Jankélévitch, 1903-85）によれば、人間を人間として愛するということ、すなわち「〈〜として〉のかなたの人間」を愛するということには、一つの逆説が含まれている。つまり、「《人類愛》は逆説を含んでいる。というのは、人間一般を、人間であるというだけの理由から愛するのは《矛盾を含んでいる》からだ。このような理由は、閉じた道徳の概念においては《一つの理由》ではないからだ。ごく普通には、人はその隣人を、自分と宗教を共にするとき、同市民、同国人あるいはせいぜい《同僚》であるときに愛する。ごく普通には、人は、他の人々が共に同じ群に属するという条件で、ないしは、さらに、同じ氏族、同じ部族、同じ社会階級に属するという条件でこれを愛する」[19]。だが、ジャンケレヴィッチによれば、このように隣人が私と「同じ」街に住んでいるとか、「同じ」社会階級に属している、あるいは「同じ」国の人間であるという理由でその人を愛する者は、愛とはどういうものであるかを知らない。愛が「汝のために生きる」ということを意味するとすれば、それはすでに一つの逆説である。なぜなら、「人がある人間のために、しかも徹底的に、自分のためになにも留保することなく、その人にすべてを捧げて生きると言うとき、もしその人が生きのびる条件がそうなら、その人のために、その人に代わって死ぬことにも暗黙裡に同意していることを意味しているからだ」[20]。つまり、生きるために死ぬという逆説である。ましてや、カントが言うところの「汝の人格やほかのあらゆるひとの人格のうちにある人間性」の代表者としての人間、ジャンケレヴィッチの言葉では「端的純粋に人間、他の明細も特記もない人間、〈として〉なしの人間」[21]として他者を愛するということには二重の逆説がある。にもかかわらず、われわれに人類愛という名のもとに要求されているのは、このことなのである。

しかしそれにしても、このような愛はわれわれには近づきえない理想であり、聖者のような人にのみ可能な愛なのであろうか。カントもまた、われわれは自分のすべてをなげうって他人に奉仕するよう義務づけられているのではない、と語っていた。確かに、他人にこのようなことを要求する権利をもっている者は誰もいない。だが、ジャンケレヴィッチも言うように、われわれが誰か溺れかけている人を助けようとするとき、われわれは教師だから、消防士だから、あるいは水難救助員だから助けなければならないと考えるのだろうか。また、その溺れかけている人が誰であるか、私と同じ街の人であるか、同僚か、同国人かといったことを確かめてから救助しようとするのであろうか。むしろ、「溺れそうな者もわたしと同じように一人の人間だから、救助がわたしにかかっているのだ[22]」と、そうは考えないだろうか。もしこう考えることがあるとすれば、われわれもまた確かにそうした愛に呼びかけられていることを、たとえかすかにではあっても自覚しているのであり、この「道徳の逆説」を引き受ける力をもっているのだ、と言えるのではないだろうか。

これまで述べてきたところによれば、「人格の尊厳」とは、人格に仮託された本性——理性的本性、神の似姿、幸福追求の能力、等々——のうちに存するのではない。それは、倫理的根本規範のうちに、すなわち、人格の尊重を命ずる規範こそが道徳性の根本規範であるということのうちに、その根拠をもっている。つまり、行為客体の自由を尊重するということは、ある人が自ら自由に設定した目的に即してその人を尊重することを意味するがゆえに、人格は他と取り替えることのできない「個」として尊厳を有する。人間はすべて平等であり、平等に取り扱われなければならないといわれることの意味もまたここにある。事実の問題としてならば、人間の間にはさまざまな不平等が厳然として存在している。知力においても、体力においても、その他の事柄においても、それぞれの人間に与えられた能力、才能、性格、気質、性、地位、民族、人種などは決して同一ではない。人間はそれぞれ他者と異なるのである。しかし、すべての人間が他のすべての人間と「異なる」ということ、この点においてすべての人間は「等しい」。他者との絶対的差異という点においてこそすべての人間は平等なのであり、またそれゆえにこそ、すべての人間は「個」として、他者との比較を絶した価値、すなわち絶対的価値を有するのである。倫理の基礎は、この「個」としての人格の尊厳に存する。この倫理の要請にいかに応えるのか、これが人間であるかぎりでのわれわれに問いかけられていることなのである。「他人に迷惑をかけなければ何をしてもよい」といった、倫理を法に縮減するような言いわけを克服する道もまた、ここから始まるであろう。

［注］

（1）シュペーマン『道徳の基礎的諸概念』、七五頁参照。
（2）ヴェーバー『職業としての政治』、八九頁以下参照。
（3）シュペーマン、前掲書、七三頁以下参照。
（4）カント『道徳形而上学の基礎づけ』、一三五頁。
（5）アリストテレス『ニコマコス倫理学』V,1,1129b。
（6）イェリネク『法・不法及刑罰の社会倫理的意義』、五八頁。
（7）ヴェーバー、前掲書、一〇三頁。
（8）ハーディン『地球に生きる倫理』、二六四頁以下、竹内靖雄『経済倫理学のすすめ』、第1章参照。
（9）これに反対する議論としては、シュレーダー=フレチェット「『フロンティア（カウボーイ）倫理』と『救命ボート倫理』」、同「宇宙船倫理」、およびシンガー『実践の倫理』、第8章参照。
（10）『新約聖書』、「マタイによる福音書」一九・一九、二二・三九。
（11）カント、前掲書、四三頁参照。
（12）カント『実践理性批判』、二一三頁。
（13）マッキー『倫理学』、一二一頁等参照。
（14）ベルクソン『道徳と宗教の二源泉』、三七頁。
（15）同書、三二七頁。

(16) 同書、三二八頁。
(17) ヤスパース『哲学的世界定位』、二一一頁。
(18) ベルクソンの「人類愛」に関するこうした解釈については、宇都宮芳明『人間の間と倫理』、二〇九頁以下、および同『倫理学入門』、一八八頁以下参照。またベルクソン自身が指摘しているように、「閉じた魂」から「開いた魂」へと移行し、人類愛の立場に立つためには、「開く魂」としての「知性」とともに、すぐれた道徳的人格（聖者）による「愛の飛躍」が必要であった（ベルクソン、前掲書、三〇八頁以下参照）。
(19) ジャンケレヴィッチ『道徳の逆説』、四六頁。
(20) 同書、四四頁。
(21) 同書、四八頁。
(22) 同書、四八頁以下。

引用文献一覧

足立幸男『政策と価値──現代の政治哲学』、ミネルヴァ書房、一九九一年。

アリストテレス『政治学』、山本光雄訳、『アリストテレス全集』第15巻、岩波書店、一九六九年。

──『動物部分論』、島崎三郎訳、『アリストテレス全集』第8巻、岩波書店、一九六九年。

──『ニコマコス倫理学』、加藤信朗訳、『アリストテレス全集』第13巻、岩波書店、一九七三年。

G・E・M・アンスコム『インテンション』、菅豊彦訳、産業図書、一九八四年。

G・イェリネク『法・不法及刑罰の社会倫理的意義』、大森英太郎訳、岩波文庫、一九三六年。

井上ひさし『犯罪調書』、集英社文庫、一九八四年。

今井道夫・香川知晶編『バイオエシックス入門』（第二版）、東信堂、一九九五年。

岩崎武雄『現代英米の倫理学』、『岩崎武雄著作集』第6巻、新地書房、一九八二年。

岩田靖夫『アリストテレスの倫理思想』、岩波書店、一九八五年。

B・ウィリアムズ「一貫性を欠く形の相対主義」、メイランド、クラウス編『相対主義の可能性』所収。

P・ウィンチ『倫理と行為』、奥雅博・松本洋之訳、勁草書房、一九八七年。

M・ヴェーバー『職業としての学問』、尾高邦雄訳、岩波文庫、一九八〇年。

──『職業としての政治』、脇圭平訳、岩波文庫、一九八〇年。

内山勝利編『ソクラテス以前哲学者断片集』第I・V分冊、岩波書店、一九九六・九七年。

宇都宮芳明『人間の間と倫理——倫理基準の検討と倫理理論の批判』、以文社、一九八〇年。

——『倫理学入門』、放送大学教育振興会、一九九七年。

宇都宮芳明・熊野純彦・新田孝彦編『カント哲学のコンテクスト』、北海道大学図書刊行会、一九九七年。

宇都宮芳明・熊野純彦編『倫理学を学ぶ人のために』、世界思想社、一九九四年。

エピクテトス『要録』、鹿野治助訳、『世界の名著13　キケロ／エピクテトス／マルクス・アウレリウス』、中央公論社、一九六八年。

H・T・エンゲルハート「医学における人格の概念」、同他『バイオエシックスの基礎』所収。

——他『バイオエシックスの基礎——欧米の「生命倫理」論』、加藤尚武・飯田亘之編、東海大学出版会、一九八八年。

——『バイオエシックスの基礎づけ』、加藤尚武・飯田亘之監訳、朝日出版社、一九八九年。

加藤尚武『バイオエシックスとは何か』、未來社、一九八六年。

川本隆史「抵抗の倫理学へむかって」、『現代哲学の冒険13　制度と自由』、岩波書店、一九九一年。

I・カント『実践理性批判』、宇都宮芳明訳注、以文社、一九九〇年。

——『純粋理性批判』上・中、原　佑訳、『カント全集』第4・5巻、理想社、一九六六年。

——『人倫の形而上学』、加藤新平・三島淑臣・森口美都男・佐藤全弘訳、『世界の名著32　カント』、中央公論社、一九七二年。

——『道徳形而上学の基礎づけ』、宇都宮芳明訳注、以文社、一九八九年。

——「人間愛からならうそをついてもよいという誤った権利に関して」、尾渡達雄訳、『カント全集』第16巻、理想社、一九六六年。

――『プロレゴーメナ』、土岐邦夫・観山雪陽訳、『世界の名著32　カント』、中央公論社、一九七二年。

菅　豊彦『実践的知識の構造――言語ゲームから』、勁草書房、一九八六年。

クセノフォーン『ソークラテースの思い出』、佐々木理訳、岩波文庫、一九七四年。

久野　昭『倫理学の概念と形成』、以文社、一九七七年。

黒田　亘『行為と規範』、勁草書房、一九九二年。

S・ケルナー『カント』、野本和幸訳、みすず書房、一九七七年。

小泉　仰『ミルの世界』、講談社学術文庫、一九八八年。

古茂田宏「道徳的相対主義と寛容の限界――座標設定と批判の試み」、唯物論研究協会編『相対主義と現代世界――文化・社会・科学』、青木書店、一九九七年。

J・R・サール『言語行為』、坂本百大・土屋俊訳、勁草書房、一九八六年。

清水哲郎『医療現場に臨む哲学』、勁草書房、一九九七年。

V・ジャンケレヴィッチ『道徳の逆説』、仲沢紀雄訳、みすず書房、一九八六年。

L・シュトラウス『自然権と歴史』、塚崎智・石崎嘉彦訳、昭和堂、一九八八年。

R・シュペーマン『道徳の基礎的諸概念』、吉沢伝三郎訳、以文社、一九八八年。

K・S・シュレーダー＝フレチェット編『環境の倫理』上、京都生命倫理研究会訳、晃洋書房、一九九三年。

――「宇宙船倫理」、同編『環境の倫理』上所収。

――「『フロンティア（カウボーイ）倫理』と『救命ボート倫理』」、同編『環境の倫理』上所収。

P・シンガー『実践の倫理』、山内友三郎・塚崎智訳、昭和堂、一九九一年。

G・ジンメル『カント』、木田元訳、『ジンメル著作集』第4巻、白水社、一九七六年。

ソポクレス『アンティゴネ』、『ギリシア悲劇Ⅱ』所収、高津春繁他訳、ちくま文庫、一九八六年。

竹内靖雄『経済倫理学のすすめ――「感情」から「勘定」へ』、中公新書、一九八九年。

竹内洋一郎「パーソン論と差別の問題」、今井・香川編『バイオエシックス入門』（第二版）所収。

田中伸司「カントと生命倫理学」、宇都宮・熊野・新田編『カント哲学のコンテクスト』所収。

田中美知太郎『ソクラテス』、岩波新書、一九五七年。

A・P・ダントレーブ『自然法』、久保正幡訳、岩波書店、一九五二年。

土山秀夫・井上義彦・平田俊博編『カントと生命倫理』、晃洋書房、一九九六年。

ディオゲネス・ラエルティオス『ギリシア哲学者列伝』上・中・下、加来彰俊訳、岩波文庫、一九八四・八九・九四年。

R・デカルト『情念論』、花田圭介訳、『デカルト著作集』第3巻、白水社、一九七三年。

――『哲学原理』、三輪正・本多英太郎訳、『デカルト著作集』第3巻、白水社、一九七三年。

M・トゥーリー「嬰児は人格を持つか」、エンゲルハート他『バイオエシックスの基礎』所収。

新田孝彦「いのちを救うことの倫理的問題」、土山・井上・平田編『カントと生命倫理』所収。

――『カントと自由の問題』、北海道大学図書刊行会、一九九三年。

――「人格と自由」、宇都宮・熊野編『倫理学を学ぶ人のために』所収。

H・M・バウムガルトナー『カント入門講義――『純粋理性批判』読解のために』、有福孝岳監訳、法政大学出版局、一九九四年。

F・ハチスン『美と徳の観念の起原』、山田英彦訳、玉川大学出版部、一九八三年。

G・ハーディン『地球に生きる倫理――宇宙船ビーグル号の旅から』、松井巻之助訳、佑学社、一九七五年。

H・L・A・ハート『権利・功利・自由』、小林公・森村進訳、木鐸社、一九八七年。

G・ハーマン『哲学的倫理学叙説――道徳の本性の自然主義的解明』、大庭健・宇佐美公生訳、産業図書、一九八八年。

――「道徳的相対主義の擁護」、メイランド、クラウス編『相対主義の可能性』所収。

J・ハリス「臓器移植の必要性」、エンゲルハート他『バイオエシックスの基礎』所収。

T・L・ビーチャム「レイチェルズの安楽死論に応えて」、エンゲルハート他『バイオエシックスの基礎』所収。

A・ピーパー『倫理学入門』、越部良一・中山剛史・御子柴善之訳、文化書房博文社、一九九七年。

D・ヒューム『人性論』、土岐邦夫訳、『世界の名著27 ロック／ヒューム』、中央公論社、一九六八年。

――「対話一篇」、同『道徳原理の研究』所収。

――『道徳原理の研究』、渡部峻明訳、晢書房、一九九三年。

廣川洋一『ギリシア人の教育――教養とはなにか』、岩波新書、一九九〇年。

廣松 渉『哲学入門一歩前――モノからコトへ』、講談社現代新書、一九八八年。

Ph・フット「道徳的相対主義」、メイランド、クラウス編『相対主義の可能性』所収。

プラトン『エウテュデモス』、山本光雄訳、『プラトン全集』第8巻、岩波書店、一九七五年。

――『クリトン』、田中美知太郎訳、『プラトン全集』第1巻、岩波書店、一九七五年。

――『国家』、藤沢令夫訳、『プラトン全集』第11巻、岩波書店、一九七六年。

――『ゴルギアス』、加来彰俊訳、『プラトン全集』第9巻、岩波書店、一九七四年。

――『ソクラテスの弁明』、田中美知太郎訳、『プラトン全集』第1巻、岩波書店、一九七五年。

――『ソクラテスの弁明・クリトン』、三嶋輝夫・田中享英訳、講談社学術文庫、一九九八年。

――『テアイテトス』、田中美知太郎訳、『プラトン全集』第2巻、岩波書店、一九七四年。

――『パイドン』、松永雄二訳、『プラトン全集』第1巻、岩波書店、一九七五年。

――『プロタゴラス』、藤沢令夫訳、『プラトン全集』第8巻、岩波書店、一九七五年。

V・フランクル『苦悩の存在論——ニヒリズムの根本問題』、真行寺功訳、新泉社、一九八六年。

J・フレッチャー「倫理学と安楽死」、エンゲルハート他『バイオエシックスの基礎』所収。

R・M・ヘア『自由と理性』、山内友三郎訳、理想社、一九八二年。

——『道徳的に考えること——レベル・方法・要点』、内井惣七・山内友三郎監訳、勁草書房、一九九四年。

G・W・Fr・ヘーゲル『哲学史講義』下巻、長谷川宏訳、河出書房新社、一九九三年。

O・ヘッフェ『イマヌエル・カント』、藪木栄夫訳、法政大学出版局、一九九一年。

H・ベルクソン『道徳と宗教の二源泉』、平山高次訳、岩波文庫、一九七七年。

——『笑い』、鈴木力衛・仲沢紀雄訳、『ベルグソン全集』第3巻、白水社、一九六五年。

ヘロドトス『歴史』上・中・下、松平千秋訳、岩波文庫、一九七一・七二年。

J・ベンサム『道徳および立法の諸原理序説』、山下重一訳、『世界の名著38　ベンサム／J・S・ミル』、中央公論社、一九六七年。

保坂幸博『ソクラテスはなぜ裁かれたか』、講談社現代新書、一九九三年。

T・ホッブズ『リヴァイアサン』、永井道雄・宗片邦義訳、『世界の名著23　ホッブズ』、中央公論社、一九七一年。

K・R・ポパー『客観的知識』、森　博訳、木鐸社、一九七四年。

——『開かれた社会とその敵　第一部——プラトンの呪文』、内田詔夫・小河原誠訳、未來社、一九八〇年。

N・B・マキアヴェリ『政略論』、永井三明訳、『世界の名著16　マキアヴェリ』、中央公論社、一九六六年。

J・L・マッキー『倫理学——道徳を創造する』、加藤尚武監訳、哲書房、一九九〇年。

A・マッキンタイアー『西洋倫理思想史』上、菅豊彦他訳、九州大学出版会、一九八五年。

M・マンデルバウム「主観的、客観的、および概念的相対主義」、メイランド、クラウス編『相対主義の可能性』

所収。

J・S・ミル『功利主義論』、伊原吉之助訳、『世界の名著38　ベンサム／J・S・ミル』、中央公論社、一九六七年。

G・E・ムーア『倫理学原理』、深谷昭三訳、三和書房、一九七三年。

村井　実『ソクラテス』上・下、講談社学術文庫、一九七七年。

J・W・メイランド、M・クラウス編『相対主義の可能性』、常俊宗三郎・戸田省二郎・加茂直樹訳、産業図書、一九八九年。

K・ヤスパース『哲学的世界定位――哲学I』、武藤光朗訳、創文社、一九六四年。

D・D・ラファエル『道徳哲学』、野田又夫・伊藤邦武訳、紀伊國屋書店、一九八四年。

P・S・ラプラス「確率についての哲学的試論」、樋口順四郎訳、『世界の名著65　現代の科学I』、中央公論社、一九七三年。

M・リーデル『規範と価値判断』、宮内陽子訳、御茶の水書房、一九八三年。

J・レイチェルズ「積極的安楽死と消極的安楽死」、エンゲルハート他『バイオエシックスの基礎』所収。

J・ロック『人間知性論』二、大槻春彦訳、岩波文庫、一九七四年。

J・ロールズ『正義論』、矢島鈞次監訳、紀伊國屋書店、一九七九年。

和辻哲郎『面とペルソナ』、『和辻哲郎全集』第17巻、岩波書店、一九六二年。

*

Arrington, R. L., *Rationalism, Realism, and Relativism*, Ithaca and London, Cornell U. P., 1989.
Bentham, J., *An Introduction to the Principles of Morals and Legislation*, ed. by J. H. Burns and H. L. A. Hart, London & New York, Methuen, 1982.

Brandt, R. B., Introduction to Ethical Relativism, in: R. B. Brandt (ed.), *Value and Obligation: Systematic Readings in Ethics*, New York, Harcourt, Brace & World, 1961.

Danto, A. C., Basic Actions, in: A. R. White (ed.), *The Philosophy of Action*, Oxford, Oxford U. P., 1979.

Dilthey, W., Der Aufbau der geschichtlichen Welt in den Geisteswissenschaften, in: *Wilhelm Diltheys Gesammelte Schriften*, Bd. VII, Leibzig, B. G. Teubner, 1958.

Fletcher, J., Indicators of Humanhood: A Tentative Profile of Man, *The Hastings Center Report*, Vol.2, 1972.

Garrett, K. R., *Dialogues Concerning the Foundations of Ethics*, Maryland, Rowman & Littlefield Publishers, 1990.

Gert, B., *Die moralischen Regeln*, Frankfurt/M., Suhrkamp Verlag, 1983.

Höffe, O. (Hrsg.), *Lexikon der Ethik*, München, C. H. Beck, 1980.

Jaspers, K., *Einführung in die Philosophie*, 1950, München, Piper, 1971.

Lyons, D., *Limits of Utility*, Oxford, Clarendon Press, 1965.

Patzig, G., *Ethik ohne Metaphysik*, Göttingen, Vandenhoeck & Ruprecht, 2.Aufl., 1983.

Perry, R. B., Realms of Value: A Critique of Human Civilization, in: R. B. Brandt (ed.), *Value and Obligation*.

Popper, K., The Myth of the Framework, in: E.Freeman (ed.), *The Abdication of Philosophy: Philosophy and the Public Good*, La Salle, Illinois, Open Court, 1976.

Roth, J. K. (ed.), *International Encyclopedia of Ethics*, London & Chicago, Fitzroy Dearborn Publishers, 1995.

Smart, J.J.C., Extreme and Restricted Utilitarianism, in: P.Foot (ed.), *Theories of Ethics*, Oxford, Oxford U.P., 1967.

あとがき

私が大学においていわゆる教養課程の「倫理学」の授業を担当するようになってから十数年になるが、この間、それまで倫理学を学んだこともなく、その後も学ぶことはないであろう学生諸君に対して、どのような講義を行なったらよいかということは、つねに難問であった。しかも大学における教養課程の講義は、通常、かなりの人数の学生を相手にしなければならない。倫理学史の概説や倫理学理論の概論的な紹介だけでは、とうてい学生諸君の関心を引きつけておくことはできないであろうし、そうすることが有益だとも思えなかった。そこで私はしだいに次のような戦略をとるようになった。すなわち、学生諸君が直面するであろう具体的な諸問題に即して彼ら自身の思考方法を取り出し——それは往々にして「幸福主義的」ないし「功利主義的」なものであるが——、それがはたして、首尾一貫して適用できるかどうか、あるいはわれわれの道徳的思考を完全に満足させることができるかどうかを吟味し、もしそれができなければ、その理由を、彼らの思考を表現していると思われる倫理学理論に立ち戻って考察するということである。こうしたことを繰り返しながら、彼らが自らの倫理的な思考方法を自覚し、別の思考方法の可能性にも目を開くことを期待した。もちろん、これは私自身の訓練でもあったのだが、本書に付された「例題」は、多人数でしかも初心者の学生諸君にできるだけ倫理学を身近に感じてほしいと願って工夫した形式であり、実際に講義でも学生諸君との議論の手掛かりとしたものである。こうすることによって、一方では人生論を語ることを自らに戒めつつ、他方で学生諸君には、倫理的な諸問題に対してたんに自らの感情を吐露することで終わるのではなく、つねになにがしか、より客観的な視点のもとで自らの判断を吟味することを求めたい、と考えたのである。講義中に議論の相手をしてくれた学生諸君に感謝したい。

また、ここで私事にわたることを許していただけるならば、田舎の「慣習」に反して長男がよその土地で暮らすことを認めてくれた亡父孝治と、いまも一人暮らしを続けている母オツヤに、そして四半世紀を共にしてきた妻裕子にも、感謝しつつ本書を捧げたい。もちろん、私を倫理学へと導いて下さった宇都宮芳明先生が本書の祖父であることは言うまでもない。『倫理学の視座』という書名も、先生の『哲学の視座』（弘文堂、一九七八年）からいただいた。

最後に、この出版事情の困難な折に快く刊行を引き受けて下さった世界思想社、および編集担当の久保民夫氏に心より厚くお礼申し上げる。

二〇〇〇年六月　ミュンヘン近郊ロッホハウゼンの仮寓にて

新田孝彦

＝人名索引＝

＝事項索引＝

〈ア 行〉

〈カ 行〉

〈サ　行〉

〈タ 行〉

〈ナ 行〉

〈ハ 行〉

〈マ 行〉

〈ヤ 行〉

〈ラ 行〉

〈ワ 行〉

〔著者紹介〕

新 田 孝 彦（にった・たかひこ）

1951年　山形県に生まれる
1977年　北海道大学大学院文学研究科博士後期課程中退
1977年　北海道大学文学部助手
1984年　愛知県立大学文学部講師
1987年　北海道大学文学部助教授
1995年　北海道大学文学部教授
現　在　放送大学特任教授，北海道大学名誉教授，博士（文学）
著　書　『カントと自由の問題』（北海道大学図書刊行会，1993年）
　　　　『カント哲学のコンテクスト』（共編著，同，1997年）
　　　　『科学技術倫理を学ぶ人のために』（共編著，世界思想社，2005年）
訳　書　カント『純粋理性批判』上・下（宇都宮芳明監訳，以文社，2004年）
論　文　「人格と自由」（宇都宮・熊野編『倫理学を学ぶ人のために』，世界思想社，1994年）
　　　　「いのちを救うことの倫理的問題」（土山・井上・平田編『カントと生命倫理』，晃洋書房，1996年）

入門講義 倫理学の視座

2000年10月20日　第１刷発行
2018年４月20日　第12刷発行

定価はカバーに表示しています

著　者　新《にっ》田《た》孝《たか》彦《ひこ》

発行者　上　原　寿　明

世界思想社

京都市左京区岩倉南桑原町56　〒606-0031
電話 075(721)6500
振替 01000-6-2908
http://sekaishisosha.jp/

（印刷・製本　太洋社）

ISBN978-4-7907-0838-4

『世界思想ゼミナール』について

自然は、人間のために存するのではない。また、人間が自然にさからうことは許されない。自然は人間には関わりなく、動いているのである。この単純なことを、環境に慣れすぎてみおとしてしまったり、厳しい人間の世界の止むを得ないかも知れない必要性から、自然をみる目が狂ってしまって、恰も、人力で自然をかえうるがごとき錯覚をもったりするところに、人間の破局が訪れてくる。それは、精神的とか物質的とか問わずにやってくるのである。

「世界思想ゼミナール」は、人間が本来の姿にかえることを、眼目においている。つまり、人間という生物を中心とする生態系のそれぞれの系に相当するところの、政治・経済・社会・文化・科学などについて、深く思索し、さらに問いたずねて、その上で、自然と調和し、均衡をもった人間の世界を作りあげてゆくところの、いとなみの一助であることを切望している。このことが、はじめて「世界思想」の名にそむかぬユニークなゼミナールを可能にすると信ずる。